80

Merve Verlag

Paul Virilio
Fahren, fahren, fahren...

Aus dem Französischen übersetzt
von Ulrich Raulf

Merve Verlag Berlin

Der Text der

Der Text auf der Umschlagseite ist dem Titelsong der Doppel-LP "Autobahn" von 'Kraftwerk' entnommen (Philips 6623057). Die Autoren sind Ralf Hütter und Florian Schneider-Elsleben.

Postfach 327. Printed in Germany. Druck und Bindearbeiten: Dressler, Berlin. Umschlagentwurf: "Betrieb", Köln.

ISBN 3-88396-000-4

SARAH KRASNOFF gewidmet,

die 1971 auf der Flucht vor den Psychiatern praktisch ohne Unterbrechung fünf Monate lang in den Maschinen der K.L.M. saß und über 160 Mal den Atlantik überquerte, bevor sie ruiniert und am Ende ihrer Kräfte im Zimmer 103 des Hotel Frommer in Amsterdam starb.

Paul Virilio

INHALT

DAS EXPEDITIONSCORPS
oder DER MOBILISIERTE KÖRPER

Der Faschismus, um den es hier geht, definierte sich selbst als die Schaffung eines kolonialen Verhältnisses auf europäischem Boden (OSTKOLONISATION), das heißt als Umwälzung der bestehenden sozio-politischen und ökonomischen Einheiten. Wir haben noch nicht das universale Ausmaß des kolonialen Verhältnisses, der großen Hin- und Herbewegung des Totalitarismus erfaßt, jener einzigartigen Einheit der abendländischen Zivilisation, die sich um die zwanziger Jahre zwischen Metropolen und Kolonien herstellt... "jener Eingliederung der Kolonialaktivität in das nationale Leben als Lösung der schwerwiegenden Probleme, vor die die Menschheitsentwicklung morgen die Welt stellen wird..", wie Albert Sarraut, der französische Kolonialminister 1921 erklärte... von dieser zeitgenössischen Kolonialaktivität, die die französischen Militärs des ausgehenden 19. Jahrhunderts bereits für "einen hervorragenden Akt des Sozialismus"(1) hielten und die untrennbar mit der Revolution des Transportwesens, mit der neuen technischen Verbreitung von Mitteln zur Durchdringung von Gebieten (Waffen, Eisenbahnen, Autostrassen, Flugwesen, Rundfunk etc...) verbunden ist.

In unserer Zivilisation, die vom Kolonialverhältnis ausgeht, zu ihm zurück- und über es hinausgeht, hat sich die "faschistische Perversion" der Körper sogleich in das nach Universalität drängende biologische Unternehmen des Abendlandes eingeschrieben, und zwar als ein privilegiertes Moment seiner technischen Körperlichkeit, seiner kinetischen Revolution. So stellt sich das Phänomen weniger in einem gewöhnlichen historischen Rahmen als in dem der allgemeinen Zähmung der Lebewesen und ihrer Zuordnung zu bestimmten planmäßigen mechanischen Funktionen. In gewisser Weise sind die kolonialen Einpflanzungen des Abendlandes den Stadtgründungen und der Besiedlung des Landes ebenso normal gefolgt wie diese den Hirten- und Nomadenzivilisationen, indem sie neue Formen der Zählung, der Reproduktion und Auswahl, des Einsperrens oder Forttreibens, des Markierens, Schlachtens, der Ausnutzung animalischer Körper ins Spiel brachten. Mit der Kolonisierung treten wir aus dem Bereich der Erziehung in den der (tierisch/menschlichen) Dressur mit seinem Arsenal von Techniken zur rationellen Programmierung der Körper, das von der Überredung/Vergiftung, von der Jagd nach Leistungen mit Hilfe von Zwangs-/Belohnungssystemen bis zum Einfangen, zur Einschließung, Kastration, Folter, bis zu den Entziehungen, den chemischen, biologischen usw. Experimenten reicht...

DER ARBEITER, der 1932 in Hamburg erschienene Essai Jüngers, der für die Deutschen eine Art politischen Programms werden sollte, legt uns dieses anthropogenetische Unternehmen dar, das darauf zielte, eine verkannte Form, die des Arbeiters, sichtbar zu machen (die Gestalt des Arbeiters, schreibt Georg Lukács, die, wie bei Spengler und Hitler "nicht nur den Soldaten, sondern auch den Unternehmer mit begreift"). Der Faschismus ist also nur eine Art Kompromiß in dem seit langem im Schoße des Staates schwelenden Konflikt zwischen Militär, Bourgeoisie und Aristokratie, die sich gegenseitig das Proletariat streitig machen.

In Preußen beispielsweise hatte Friedrich Wilhelm I. seine Arbeitskraft-Probleme dadurch gelöst, daß er bei Anbruch des 18. Jahrhunderts eine innere Kolonisation über alle Staatsdomänen verfügte, den örtlichen Verwaltungen eine zentral gelenkte Militärbürokratie überordnete und die Bauern "befreite", um sie in regelmäßigen Abständen zu einem Nationalheer einzuziehen, dessen Führung, die berühmte "Junkerschaft", demokratisiert wurde. Friedrich II., wie sein Vater, der Soldatenkönig, besorgt um das gute Äußere und die Verbesserung der Truppen, schuf Zentren zur Reproduktion und zur rassischen Auslese für seine Armeen... Und ist die Musterung nicht die reinste Veterinärvisite, sieht man sich die körperlichen Züchtigungen an, die bis zur Todesstrafe reichen - Strafen, die in allen militärischen Unternehmen existieren und dazu da sind, die Arbeitskraft zu "automatisieren", aus dieser kraftvollen Masse "bewegliche Maschinen zu machen... blind gehorsam bis zur Todesverachtung, ihren Führern ergeben" (Babeuf).

In der Tat hat sich die gesamte Geschichte des Staates im Abendland um ein drängendes Bedürfnis nach Arbeitskraft gedreht, eine unersättliche Forderung, von der man, obzwar wenige Jahre genügt haben, sie in Vergessenheit kommen zu lassen, noch Spuren in allen Verwaltungstexten und -schriftwechseln findet: von der Proletarisierung durch Marius bis zu der durch Ludwig XIV. an der französischen Küste ("Wer dem König einen Gefallen tun will, der schenkt ihm einen Sträfling"), bis zu den Mahnungen Albert Speers, des deutschen Technokraten des totalen Krieges ("Bringen Sie nicht die russischen Kriegsgefangenen um, überlassen wir das der Arbeit") oder zu den Berichten der Kolonialbehörden der zwanziger Jahre ("Ohne Arbeitskräfte keine Kolonien, und wir können einpacken")... Die Zwangsverpflichtung der Zivilbevölkerung zur Arbeit, ihre Erfassung und Domestizierung durch para-militärische Staatsbürokratien vollzieht sich in Europa, jenseits des Atlantik und in Übersee gleichzeitig (diese weltumspannende Verwaltung obliegt dem Internationalen Arbeitsamt in Genf). Der einzige Unterschied besteht darin, daß die Strafarbeit, die Organisation der Dreckarbeit in den Kolonien oder unter faschistischen Regimes beschleunigt vonstatten gehen, daß man sich frei und ungehemmt des Körpers des "unfertigen Menschen" (2) bemächtigt - buchstäblich das Ende des "habeas corpus" im Justizapparat. Die ontologische Substanz der verschiedenen Zivilisationen, Lebensweisen, deren Sinn im Sammeln, in der Jagd auf Herden, im Palaver oder in deren entwickelteren Formen, in religiösen, künstlerischen, intellektuellen Werken liegt, werden unterm kolonialen Gesetz zu Schwerverbrechen, zu Viehdiebstählen, Landstreicherei, illegalen Versammlungen... Kulturdelikten, Gesinnungsverbrechen, politischer Dissidenz.

Doch stellen sich noch andere Fragen: Es gibt das abendländische Anthropogeneseunternehmen, die Gestalt des ARBEITERS wird erfunden... womit läßt sich diese Figur vergleichen? Wozu ist sie programmiert? Und wieso waren letzten Endes alle militärisch-industriellen Staaten auf sie angewiesen?

Allgemein gesehen geht die Proletarisierung - vor allem seit den ersten europäischen Massenkriegen - in einer Durchlaufenergie auf. Die Organisation der Arbeitskraft bestimmt sich weniger von ihrer produktiven Leistung als von dem her, was die Amerikaner forcing nennen, ein Ausdruck, der bekanntlich aus dem Sport stammt und den ununterbrochenen Angriff bezeichnet. Die Amerikaner wenden es vor allem in der Fließbandproduktion von Autos an (seit 1914 bei Ford im Einsatz). Aber auch hier scheint der ökonomische Aspekt weniger interessant als die neue Synergie, die sich zwischen der Produktionstechnik, dem Produkt und der Gestalt des ARBEITERS entwickelt: das abrollende Fließband produziert Fahrzeuge, und in der Endphase der Produktion springt der letzte Arbeiter mit einem Satz ins fertige Auto und rollt davon. Der Witz ist der: wenn der Arbeiter das Auto "in Gang setzt", so "mobilisiert" seinerseits das Auto den ARBEITER auch außerhalb der Fabrik, und letzten Endes handelt es sich beim forcing weniger um Konsumobjekte als um die Konsumtion von Vektoren, weniger um Produktionsziffern als um Produktionsgeschwindigkeit, eine unteilbare Geschwindigkeit. Prompt werden die deutschen Faschisten ihr spezielles Dressursystem "DIE TOTALE MOBIL-MACHUNG" taufen, und Heidegger wird das amerikanische forcing mit seiner berühmten Formel von der Größe, die allein im Angriff liegt, paraphrasieren - eine irreführende Übersetzung Platons, die er dazu benutzt, die Studenten zum "Arbeits-, Wissens- und Waffendienst" aufzurufen.

Mobilisierung, In-Gang-setzen der Körper, Reise, Exodus, Deportation, Verschleppung - stets gegenwärtig im Abendland, im Frieden wie im Krieg... Der Maschinen-Mensch des Altertums, der Relais-Mensch des 18. Jahrhunderts werden im Zuge der Militarisierung der europäischen Gesellschaften zum Projektil-Menschen des 19. Jahrhunderts: zur ursprünglichen Geschwindigkeit des zahmen Körpers tritt, gesteuert von der logistischen Revolution der Armeen, der Nationen, seine technische Beschleunigungsart. "Die Armee ist eine riesige Granate, die der Generalstab abfeuert", sagte der Kommunarden-General Cluseret. Der menschliche Körper samt seiner Kraft wird dem synergetischen Vordringen der Waffe integriert, und was die olympische Liturgie im Stadion inszeniert, ist genau diese Hierarchie der Körper gemäß der Ordnung der Durchgangsgeschwindigkeiten. Der sportliche Körper ist ein prytaneischer Körper, Projektil oder Projektor, der Reiz des Geschwindigkeits- oder Weitenrekordes ist der des Angriffs und seiner absoluten Größe... Wie beim Sturmangriff, der langsam beginnt, um dann den Körper immer stärker zu beschleunigen, damit endlich mit höchstem Elan die blanke Waffe vorschnellt.

Diese Hierarchie der Körper gemäß der Ordnung der Durchgangsgeschwindigkeiten tritt uns deutlich im Funktionalismus der nazistischen Gesellschaftsorganisation entgegen. So dienen der zur Zwangsarbeit Deportierte, der Lagerinsasse, der Häftling der "Logistik" des höheren Menschen, der nach dem alten englischen Ausdruck das "edle Vermögen der Fortbewegung" besitzt, jenes Angriffsmenschen, der sich mit Vorliebe in grenzenlose Weiten, Steppen oder Wüsten stürzt, jenes deutschen Soldaten, der für den Krieg wie geschaffen zu sein schien... wo er doch in der Hitlerjugend von klein an darauf dressiert worden war.

Zwar hat die Revolution des Transportwesens und

der Geschwindigkeit weltweites Ausmaß, doch ist die Körperlichkeit des Projektil-Menschen unterschiedlich, je nach seiner kulturellen Herkunft: so ist in den Vereinigten Staaten beispielsweise die Logistik des Durchfahrens demokratisch, und das Ziel des "großen Konsumfestes" ist es nach V. Bush (3), das Menschenmaterial der Nation in Fahrt zu halten: "Die Autowerkstatt an der Ecke, der kleine Funk-Club sind gleichsam Trainingslager, und wenn es darauf ankommt, kann sich dieses Training (wir würden sagen: diese Dressur) leicht und innerhalb kurzer Zeit in die Fähigkeit umsetzen, den komplexen Apparat des Krieges aufzubauen." Die Jugendlichen, die zu Tausenden Auto fahren, sich mit Mechanik, mit den Gesetzen der Kraftübertragung und des Verkehrs beschäftigen, sich an motorische Ausdauer gewöhnen, erhöhen unbewußt die militärische Kapazität der Vereinigten Staaten. Und entgegen den Behauptungen der "zivilen" Experten erleidet diese strukturale technologische Analyse keineswegs Einbußen, nicht einmal in den härtesten Phasen der großen amerikanischen Wirtschaftskrise!

Demgegenüber sind der italienische und der deutsche Faschismus aus Elitekulturen hervorgegangen, was ihre ästhetischen Leistungen viel bewußter geschehen und häufig viel klassischer ausfallen ließ. Bei den Italienern ist der Rausch des Geschwindigkeits-Körpers total und führt direkt vom Sport zum Krieg: so die "Bomberpoesie" Mussolinis, die Begeisterung der Futuristen und vor allem Marinettis (nach d'Annunzio) für seltene Empfindungen, ihre Verklärung des Krieges, weil er "Feuerwaffe, Beschuß, Feuereinstellung, Gestank und Verwesung der Körper zu einer einzigen Symphonie verschmilzt..." Noch im Innern der neuen technologischen Prothesen will der Futurismus kriegerisches Mannestum wiederauferstehen lassen, der "Dandy-Krieger" des Faschismus ist gewissermaßen "das einzige starke Subjekt, das im Kampf überlebt und genießt, der metallische Traum vom menschlichen Körper in vollkommener Stärke"; er verkoppelt seinen eigenen Körper mit einem technischen Material, das kaum sperriger ist als ein Pferd, das alte animalische Fahrzeug militärischer Eliten: Schnellboote und vor allem Torpedos, die aristokratische Froschmänner unterseeisch der englischen Flotte entgegenreiten! Die japanischen Kamikaze werden diesen synergetischen Traum räumlich verwirklichen, indem sie sich - in pyrotechnischer Apotheose - samt ihrer Fahrzeug-Waffe zerlegen, denn die letzte Metapher des Geschwindigkeits-Körpers ist seine Zerlegung qua Explosion (für den Arbeiter/Soldaten, den Menschen der TOTALEN MOBILMACHUNG . gilt: "Das letzte Stadium des metaphysischen Willens zur Macht, das Wesen der Technik ist der Nihilismus"(Heidegger)). Mit Nachdruck hat Leni Riefenstahl in ihrem Werk immer wieder diesen ethnologischen Zug des deutschen Faschismus mit seinen Liturgien, olympischen Flammen, Sonnenwendfeuern... Selbstverbrennungen, Krematorien ...inszeniert. Nazideutschland war vor allem eine Rassenreserve, eine biologische Nische, die der Totale Krieg zunehmend unhaltbar machte. Wie Mao Tse-tung bemerkt hat, war Nazideutschland in dem Augenblick verloren, als sein Programm ausfiel, als es aufhören mußte anzugreifen.

Der revolutionäre vietnamesische Widerstand war eines der jüngsten und originellsten Beispiele eines nationalistischen forcing, das sich der Langsamkeit und der niedrigen Marschgeschwindigkeiten gegen die hohen technologischen Geschwindigkeiten der amerikanischen Armee bediente... doch am Vorabend seines Sieges glaubte Giap selber schon nicht mehr an die Überlegenheit der Volksverteidigung, und heute jagt die neue vietnamesische Armee ihre Panzer und Flugzeuge zum Angriff auf Kambodscha... So wie militärisch-industrielle Proletarisierung und Kolonisierung in der Geschichte gemeinsam aufgetreten sind, kommt es heute gleichzeitig zur Deproletarisierung, Dekolonisierung, Demobilisierung im weitesten Sinne... Das Ende der Diktatur des Proletariats und die Krise der liberalen Demokratien haben ein und dieselbe Ursache: das Verschwinden einer Körperlichkeit, die vom Abendland als Angriffsmaschine verstanden wurde, als Produktion einer herrschenden kinetischen Energie. Diese Körperlichkeit verschwindet jetzt ganz natürlich mit der Dematerialisierung der militärischen und ökonomischen Durchdringungsvektoren. Zwar finden sich noch Exemplare des "Menschen der Mobilmachung" in den unterentwickelten Nationen, denen die technisch am Fuß der Welthierarchie der Durchgangsgeschwindigkeiten stehen, bei den fortgeschrittenen Nationen indes versinkt der Angriffsmensch, demobilisiert und nutzlos geworden, in der Anomie, verstoßen in soziale Randbereiche, die sich unablässig ausdehnen, ein animalischer Körper, der wertlos wird wie vor ihm die Körper der anderen gezähmten Arten.

Anmerkungen:

(1) Entret. d'H. Messeant avec les membres du corps expeditionnaire français à Madagascar - 1895
(2) "La nostalgie du front", Teilhard de Chardin, 1917
(3) "Modern arms and free men", V. Bush, 1940

Sherman-Panzer (2. Weltkrieg). (Foto British Railways)

FAHRZEUG

Wo sind wir, wenn wir reisen? Wo liegt dies "Land der Geschwindigkeit", das nie genau mit dem zusammenfällt, das wir durchqueren? Die Frage der Bewegung wirft wieder die des Wohnens auf. Wenn wir zum Taxifahrer sagen: "Fahren Sie SO SCHNELL WIE MÖGLICH!", was wissen wir da von der Geschwindigkeit des Taxis? IN GESCHWINDIGKEIT, das ist so ähnlich wie IN CHINA, einer anderen Gegend, einem anderen Kontinent, den wir zu kennen vorgeben.
Das Fahrzeug, das am Straßenrand steht, ist nichts als ein Sofa mit vier oder fünf Plätzen... Wenn es nun startet und mit voller Geschwindigkeit durch die Straßen der Stadt fährt, wenn das Möbel verschwindet und seine Öffnungen zu leben beginnen - wo sind wir da? In der Tat ist das Automobil ein Projektor, ein Projektor, dessen Geschwindigkeit wir mit der Schaltung regeln. Doch was bedeutet das Schalten, diese Veränderung der Geschwindigkeit, wenn wir Sinn und Bedeutung der Geschwindigkeit überhaupt nicht kennen? Wir gehen von einem Bewegungszustand zum nächsten über, ohne uns darum zu kümmern, was sie bedeuten; wir werden mitgenommen an ein Ziel, einen Ort, werden an den Endpunkt unserer Strecke befördert, aber das Hier und Jetzt der Geschwindigkeit und der Beschleunigung entgehen uns, obwohl sie schwersten Einfluß auf das Bild der durchquerten Landschaft haben, denn zwischen zwanzig und zweihundert Stundenkilometern ist die Deutlichkeit des vorbeihuschenden Bildes radikal verschieden. Doch der Begriff des Bildes, so wie er eben eingeführt wurde, bedarf der Erläuterung. Wenn

wir durch ein Feld gehen, sprechen wir von einem FELD, wenn wir aber mit dem Auto durch die Beauce, die Landschaft südwestlich von Paris, fahren, werden die belebten Felder KINETISCH und keiner würde sich einfallen lassen, diese "Sequenzen" mit ihrer geographischen Realität zu verwechseln. Etwa so wie die filmische Beschleunigung oder Verlangsamung eine zweite Realität, die einer anderen Zeit, aufzeigt, so führen uns die hohen Reisegeschwindigkeiten der modernen Fahrzeuge, wie aus einer Stadt in eine andere, von einer Realität in eine andere; in diesem Sinne ist das Automobil ein AUTOKOMMUTATOR, ein Selbstschalter; der Motor des Autos und der des Projektors haben einen ähnlichen Effekt: beides sind Übertragungsmittel.
Obwohl der Fußgänger selber ein Fahrzeug ist, ein METABOLISCHES FAHRZEUG mit eigenem Tempo, gibt es eine Identität und Identifikation des Körpers mit seiner Geschwindigkeit; leben, LEBENDIG sein heißt Geschwindigkeit sein. Ich kenne meine Geschwindigkeit, so wie ich den Körper kenne, der sie produziert. Auch mein lebendiger Körper ist ein dauerndes Umschalten, ein Geschwindigkeitswechsel; mein Leben, meine Biographie, das alles sind GESCHWINDIGKEITEN. Ich lebe in einer biologischen und physiologischen Zeit, die nicht die einer Pflanze ist, ich habe eine begrenzte Lebensdauer, nehme bestimmte Phänomene wahr, besitze die Fähigkeit mich zu bewegen - all das bildet den Körper und die Begrenzung meines Lebens.

* * *

Historisch gesehen vollzieht sich das erste Umschalten in der Ordnung der Geschwindigkeiten

mit dem Gebrauch der beiden großen Archetypen von Fahrzeugen: dem Pferd und dem Schiff. Mit ihnen ereignet sich ein außerordentlicher qualitativer Einschnitt; die Koppelung animalischer Körper (Pferd, Dromedar, Elephant, Strauß usw.) liefert die ersten Medien der Bewegung, die ersten Fahrzeuge der menschlichen Gattung. Beobachten wir heute einen Reiter zu Pferde, so verstellt uns die Reitkunst den Blick auf das Unerhörte einer solchen Verbindung zweier metabolischer Systeme. Man wundert sich über Götter, die auf Seeungeheuern reiten, staunt über fliegende Gespanne, DABEI verdiente der Zentaur viel mehr Aufmerksamkeit. Seit jener Zeit hat sich eine "Aristokratie der Geschwindigkeit" gebildet, ohne die keine Tyrrannei, keine Feudalherrschaft existieren könnte. Das Pferd wurde zur WÄHRUNGSEINHEIT*, zum BEWEGLICHEN fahrbaren Geld wie das Salz, und die Gold-, Silber- und Kupferverarbeitung kam demgegenüber nur zögernd auf.
Dem Nachen, der auf die Meere hinausführt, gibt die Wasserfläche, über die er rasch dahingleitet, eine eigentümliche Macht: an diesem Nicht-Ort, auf See, gewinnt das Schiff eine Vektor-Macht, die ebenso untrennbar mit der politischen Geschichte des Abendlandes verbunden ist. Diese beiden Archetypen haben wir zu lange und zu leichtfertig von ihren Wirkungen her als reine TRANSPORTEURE, reine Übermittler, beurteilt, während ihr informativer Gehalt weitgehend unbekannt geblieben ist. Und selbst nachdem die Nachricht, die Botschaft, diese Luxusware uns dahin gebracht hat, die Geschwindigkeit endlich als eine Information anzusehen, ist

*"étalon" - was sowohl "Hengst" als auch (étalon monétaire) "Maß", "Währung" bedeuten kann (A.d.Ü.).

die Analyse nicht bis zu dem vorgedrungen, was den REITER und den SEEFAHRER von Anfang an verbindet; zu lange haben die übertragenen Botschaften und Weisungen die Geschwindigkeit der Übertragung verdeckt.

* * *

Aber es gibt auch ein Phänomen von NÄHE, das hier ins Auge gefaßt werden muß. Die Geschwindigkeit, mit der die Objekte über den Bildschirm des Guckfensters wandern, hängt auch vom Grad ihrer Nähe ab: je weiter das Flugzeug sich vom Erdboden entfernt, umso langsamer zieht die überflogene Landschaft vorbei; die Welt wird statisch. Die mit sehr hoher Geschwindigkeit aufsteigende Maschine erreicht einen Punkt, an dem aus der Entfernung alles stillzustehen scheint.
Für den Blick aus dem Fenster des Automobils scheint der Vordergrund blitzschnell zu verschwinden, während der Hintergrund nur langsam wegrückt. In der frühesten literarischen Behandlung der Geschwindigkeit (vgl. dazu: Claude Pichois' Essay "Vitesse et vision du monde", Editions la Baconnière) haben die Reisenden ein Gespür für diese Magie und vergleichen häufig den Zug mit einer LATERNA MAGICA, gleichsam als sei die Dynamik der Phantasmagorie, dem Wahn verschwistert (wie ehedem das Wasser) und die Statik der Vernunft.
In der Tat beginnt ein Umsturz in der Ordnung der Perzeption mit dem Aufkommen der Dampfkraft, wie Hugo in "En voyage" bezeugt, wenn er schreibt: "Die Schnelligkeit ist unerhört, die Blumen am Wege sind keine Blumen mehr, sondern Flecken oder eher noch rote und weiße Striche, KEINE PUNKTE MEHR, NUR NOCH STRICHE."

Das spektakuläre Auftauchen der Linearität, der Geradlinigkeit mit der zunehmenden Geschwindigkeit der Fahrzeuge bekräftigt die der großen Kommunikationswege, der römischen Straßen, Königsstraßen, Eisenbahnlinien, Nationalstraßen und bald der Schnellstraßen und Autobahnen. Der im Vordergrund vorbeihuschende Streifen spiegelt nur die Geradlinigkeit oder richtiger die Begradigung wieder, die die Landschaft durch die Eisenbahnlinie erfährt. So wie der Kondensstreifen des Flugzeugs eine Luftstraße anzeigt, die tatsächlich nur die FLUGBAHN DES JETS ist, so sind auch die Strasse oder die Schiene Flugbahnen, ist die Infrastruktur der Straßen oder Eisenbahnen ein FAHRZEUG, "statisches" Fahrzeug, auf das das "dynamische" Fahrzeug angewiesen ist, weil es ihm erlaubt, die mehr oder weniger starken Unebenheiten der Erdoberfläche und die verschiedensten Hindernisse zu "überqueren". So wie die BRÜCKE eine STRASSE ist, die den Fluß überquert, so ist die Straße eine Brücke, die den Wald durchquert, sind alle Strassen Brücken, Punkte, die zu Strichen geworden sind, Geraden*, die endlos weiterlaufen.
Die allererste Funktion der GESCHWINDIGKEIT ist es daher, den Sinn und die Bedeutung der Geraden und - was weniger deutlich ist - des RECHTS und der Gerechtigkeit festzulegen.**

Ein wenig wie bei jenem Architekten, für den die Gerade und der rechte Winkel absolute Zeichen von Zivilisation waren, die Geomorphologie aber das Urchaos, so hat offenbar die Popularisierung, das heißt die angebliche Demokratisierung der ho-

*la droite - die Rechte, die Gerade
** le droit - das Recht

hen Geschwindigkeiten die starre Gerade weit über alles Verschlungene gestellt, über die unheilvolle Gestalt der sich windenden Schlange und die Kurve, die das Tempo der Fahrt bremst und durch die Zentrifugalkraft gefährlicher macht; all das läßt ein mythisches, ein mythologisches Klima auferstehen, in dem es wieder von Drachen, Meeresschlangen und labyrinthischen Gängen wimmelt - Gestalten einer durchquerten, durchfahrenen Welt.

Die auf der Windschutzscheibe erscheinende (illusorische) Belebtheit erweitert die Natur um etwas, was ehedem den Fabeltieren zukam. Die wandelbare Geographie des Landes der Geschwindigkeit tritt im letzten Jahrhundert in die Geschichte ein, um das Bestiarium dunkler Vorzeit wieder aufleben zu lassen. Die Ordnung des ländlichen Lebens, die Ruhe des Landes werden über den Haufen geworfen von der industriellen Revolution, dem Bergwerk, der Fabrik, und werden es künftig noch mehr durch die Revolution des Transportwesens, das heißt den exponentiellen Anstieg der Geschwindigkeit der Massenkommunikationsmittel; Telegraph, Telephon, Radio und Fernsehen zeichnen sich schon im Abteilfenster des Zuges oder im Heckfenster des Autos ab. Was dort gegen den Horizont entschwindet, ist die erste Realität, Raum und Gegenstand der Erfahrung, zugunsten der der raschen Ortsveränderung, des Gespürs für die Dinge und Stoffe, die zu Zeichen und Anweisungen werden. Wie Kafka voraussah, setzt der Reiz der hohen Geschwindigkeiten die Identität zugunsten der Konformität herab: am Ende legen das Kino, die Kinetik, dem Auge eine Uniform an. Die Einlinigkeit und Einförmigkeit begleiten die Eroberung des neuen und letzten Kontinents, des Kontinents der Geschwindigkeit .

Wie B. Gastineau in "La Vie en chemin de fer" präzisiert: "Vor der Erschaffung der Eisenbahn regte die Natur sich nicht mehr... die Himmel selbst schienen unbeweglich. Die Eisenbahn hat alles belebt, alles bewegt, der Himmel ist eine lebendige Unendlichkeit geworden."
Die ganze Bewegung der modernen Physik, die 1916 zur allgemeinen Relativitätstheorie führen wird, zeichnet sich hier ab, aber es ist auch der unwiderrufliche Eintritt in ein Universum reiner Gewalt , das von der atomaren Technik entfesselt wurde. Nach der Gewalt in der Entwicklung der Arten à la Darwin folgt jetzt die Zerstörung der Umwelt ...
Wenn das Zugfenster eine Laterna magica ist, so läßt sie die Schatten der Wissenschaft erscheinen. Auch das Auto ist eine Dunkelkammer, die die Bestandteile unserer Alltagswelt zu bewegten Partikeln, zu Parabeln werden läßt. Wenn die PÄDAGOGIK ursprünglich die Verbindung des Sinns und des Fußmarsches in den Gärten Akademos' war, wenn die langsame Annäherung einen sinnvollen Zusammenhang zwischen den Elementen der durchschrittenen Welt stiftete, so schieben die hohen Geschwindigkeiten die Bedeutungen ineinander, bis sie sie schließlich ganz auflösen wie das Licht die Farben auflöst. Doch dies Flimmern der Geschwindigkeit führt zum vorübergehenden Erblinden, zum blinden Passagier. Die Reise wird zur Strategie der Verschiebung, zum reinen Pro-jekt, zu einem Gleiten des Gefühls, des Takts und der Taktik von der Erfahrung zur strategischen Übung. So kurz sie auch sein mag, die Fahrt von einem Ziel zum anderen, von einer Stadt zur anderen wird zum bloßen Unwohlsein des Wartens auf die Ankunft, die Weltreise wird zur Herzbeschwerde.

Dieses Unbehagen ähnelt einer Desorientierung,bei der der Schwindel (der Stress) die ersten Wirkungen einer Depersonalisierung anzeigt, an der das Fortbewegungsmittel Schuld trägt.
Das Fahren erzeugt Übelkeit (See-, Luft-, Reisekrankheit), so als schlüge das Zusammenschieben der Bedeutungen direkt auf den Magen, so als erzeugten visuelle und orale Aufnahmen ein und dasselbe Phänomen von Lebensmittelvergiftung.

Das Verschwinden der Einzelheiten der Welt im Flimmern der Geschwindigkeit läßt die gleichen Symptome fühlbar werden: Ohrensausen, Sichtstörungen, Bild- und Farbausfälle. In hohen Dosen, das heißt bei hoher Geschwindigkeit, führt das Autofahren an den Rand der Bewußtlosigkeit - zu schneller Ortswechsel ist mit Vorsicht zu geniessen...
Die schnelle Bewegung hat die Erfahrung des durchquerten Bereichs mit Eis überzogen, die Tatsachen haben sich aufgelöst, wie in der Wüste haben wir keinen Anhaltspunkt mehr außer uns selbst, die Relativität führt uns in die Irre - der Kontinent der Geschwindigkeit wäre demnach der brutale Einbruch eines Nicht-Ortes in die Geschichte, die Fahrzeugwelt hätte so schließlich die letzte Enklave aufgelöst, und die Industrie (die industrielle Revolution) zeigte sich nur noch als Fabrikation von Geschwindigkeit.
Mit dieser letzten Enklave aber löste sich zugleich der Boden der Erfahrung auf... Ablösung der Netzhaut, Bruch der Nähe und endgültiger Übergang zur Vermittlung durch das Fahrzeug - Merkmale einer Gesellschaft, die dazu übergeht, die Mittel (der Übertragung, der Kommunikation) für den Zweck, für das Ziel zu halten.

Kehrt man für einen Augenblick zurück zur industriellen Revolution, so stellt man fest, daß sie logisch zu diesem Extrem führt; sie beginnt mit der Perfektionierung der großen Fahrzeug-Archetypen: dem Dampfroß und dem Dampfschiff, die aus der Welt einen "Streckenteppich" machen, von den Schienensträngen bis zum Bau der großen Isthmen und internationalen Schiffahrtskanäle im Lauf des 19. Jahrhunderts.

Das Kapital fließt stromauf und stromab, vom Handel in die Industrie oder von den Konsumgüterindustrien in die Basisindustrien, Eisenverarbeitung, Chemie, um endlich bei den Quellen der Energie anzukommen, den Basisenergien, Öl und Petroleum, bis schließlich mit dem Atom die reine Kraft auftaucht: die Energie ist zugleich die absolute Waffe, das Mittel ist zum Zweck geworden.

* * *

Bereits 1863 erklärt B. Gastineau: Die Entfernung ist nur noch eine ideelle Größe, der Raum nur noch eine metaphysische Entität, der jegliche Realität abhanden gekommen ist. Die Dampfmaschine ist eine Kriegsmaschine, sie destruiert beziehungsweise dekonstruiert das gesellschaftliche Kontinuum; die Bewegung ist nicht mehr bloß die Seele des Krieges, sondern wird zu der des technischen Fortschritts, der sich dem Mythos der Omnipräsenz nähert. Heine schrieb schon im Jahre 1843: "Durch die Eisenbahnen wird der Raum getödtet, und es bleibt uns nur noch die Zeit übrig. Hätten wir nur Geld genug, um auch letztere anständig zu tödten! In vierthalb Stunden reist man jetzt nach Orleans, in ebenso viel Stunden nach Rouen. Was wird das erst geben, wenn die Linien nach Belgien und Deutschland ausgeführt und mit den dortigen Bahnen verbunden seyn werden! Mir ist als kämen die Berge und Wälder aller Länder auf Paris angerückt. Ich rieche schon den Duft der deutschen Linden; vor meiner Thüre brandet die Nordsee."

Zum endgültigen Anschluß der Gleisabschnitte kommt es anläßlich der Invasion von 1870, bei der die Truppenkonzentration mittels Eisenbahn eine bedeutende Rolle spielt. Wie der Südstaaten-General Mc Clellan in einer Aufzeichnung aus dem Jahre 1861 erklärte: "Die Eisenbahnen haben durch die Möglichkeit der raschen Konzentration von Massen, die an anderer Stelle abgezogen worden sind, und durch die Schaffung neuer strategischer Punkte und neuer Operationslinien ein neues und wichtiges Element in den Krieg eingeführt." Das ist mit anderen Worten dasselbe, was Renan dem Ferdinand de Lesseps prophezeite:"Mit ihrem Kanal haben sie eine unabsehbare Zahl mörderischer Konflikte begründet."

Indem man mit der Transportindustrie die Fabrikation der Geschwindigkeit erhöht und unablässig die Leitfähigkeit, die Durchdringbarkeit der durchquerten Orte und Gegenden verbessert, beschleunigt man auch ihre Auflösung und Zerstreuung.

Die Nutzung der Dampfkraft und des "Panzerdampfers" in Eisenbahn und Schiffahrt stellt nicht ein Kapitel unter anderen in der Entwicklung der Industrie dar, sondern ist ihr Wesen und eine der Voraussetzungen für das Aufkommen der großen Kolonialreiche. Der Kult der Basisenergie und der territoriale Relativismus liegen diesem System zugrunde (bis hin zu den heutigen Rohstoffproblemen der Dritten Welt); die Eisenbahn bildet den Ursprung eines neuen Katasters. Jeder kennt die gewaltigen Kämpfe um den Bau der Eisenbahn durch

den amerikanischen Westen, in denen das Dampfroß auch Streitroß war, und die transkontinentale Prosa, die Cendrars liebte, ist ein Kriegsgesang, eine Militärmusik:
"Hauptbahnhof, Ablegestelle der Willen, Kreuzung der Rastlosigkeiten... in all den Bahnhöfen sah ich die letzten Züge abfahren, niemand konnte mehr fahren, denn es wurden keine Fahrkarten mehr ausgegeben, und die abfahrenden Soldaten wären gern geblieben..."
"All die flüchtig gesehenen Gesichter in den Bahnhöfen, all die Wanduhren, die Uhrzeit von Paris, die Uhrzeit von Berlin, die Uhrzeit von Sankt-Petersburg und die Uhrzeit aller Bahnhöfe... Jeden Morgen stellt man die Uhren, der Zug geht vor, die Sonne nach...
Der Schienenstrang ist eine neue Geometrie.
Syrakus, Archimedes und die Soldaten, die ihn erschlugen, und die Galeeren und die Schiffe und die gewaltigen Maschinen, die er erfand, und all die Gemetzel...
Ich habe gesehen,
ich habe die lautlosen Züge gesehen, die schwarzen Züge, die aus dem Fernen Osten zurückkamen und wie Gespenster vorbeiflogen,
und wie das Rücklicht läuft noch mein Auge diesen Zügen nach.
In Talga kamen 10 000 Verletze um, weil niemand sich um sie kümmerte.
Ich habe die Lazarette von Krasnoiarsk besichtigt, und in Khilok sind wir einem langen Zug wahnsinniger Soldaten begegnet..."
(Die Prosa des Transsibirienexpreß, den Musikkern gewidmet...)

Umweltverschmutzung, Bevölkerungsentwicklung, Rohstoffknappheit - beunruhigender als all das ist zweifellos die konstante Zunahme hoher Geschwindigkeiten; die Beschleunigung ist buchtsäblich DAS ENDE * DER WELT!
Der noch ungedachte, aber keineswegs undenkbare Augenblick, wenn man nicht mehr einige Stunden braucht, um nach New York oder Rio zu fliegen, sondern zehn Minuten, in der zweiten Klasse...

Beunruhigend auch die Verbote, die dann das Fahren betreffen werden. Die Verkehrsordnung wird jeden angehen, etwa so wie in jenen Klöstern, in denen es verboten war zu laufen, etwa so wie in jenen Lagern, wo man nicht langsamer gehen darf, als es den Wärtern gefällt. Das Ende der Welt wird unbestritten mit jener Generation von technischen Fahrzeugen kommen, die den Raum der menschlichen Gattung abschaffen und damit eine rigorose Verwaltung der Reisezeiten notwendig machen; dem Ministerium für Raumplanung wird das für Zeitplanung folgen.
Die negativen Folgen der räumlichen Trennung sind uns bekannt, umso mehr als wir seit einem Jahrhundert gegen sie ankämpfen. Wer aber stellt sich die Unzufriedenheit und die Ungeduld vor, die uns ergreifen werden, wenn erst die Ufer des Pazifik näher liegen werden als die Seine für jemand, der am Montmartre oder Montparnasse wohnt?...
Wenn das Mittel (der Transport) zum End-Zweck des möglichen Raumes geworden ist - was bleibt uns dann?
An dem Tag, an dem uns das Überschallflugzeug

*"FIN" kann außer "ENDE" auch noch "ZIEL" bedeuten (A.d.Ü.)

wie der Photoapparat erlauben wird, jede beliebige Momentaufnahme von der Welt zu machen, werden wir zu jenem lichtempfindlichen Film, den ein Nichts "überbelichten" kann und dessen Bilder durch Doppelbelichtung schleierhaft werden. Worauf werden wir warten, wenn wir nicht mehr warten müssen um anzukommen...?
Schon unser gegenwärtiges schnelles Reisen ist kaum mehr als das Warten auf die Ankunft - was wird es sein, wenn selbst diese kurze Wartezeit entfällt? Die nächste Umgebung, einen kurzen Fußweg entfernt, wird uns fern erscheinen; die Ungeduld des Wartens werden wir auf unsere nächste Umwelt übertragen, unser Körper, dieses metabolische Fahrzeug, wird uns bleiern vorkommen, wie der Taucher werden wir das Gefühl einer überaus störenden Langsamkeit haben, unser Körper wird unerträglich geworden sein. Wie unter dem Wasserdruck am Meeresboden wird für unsere eigenen Kräfte unser direktes Umland so fern und unerreichbar scheinen wie die Kathedrale von Chartres dem Pilger. Wenn uns der Platz am Ende der Straße, der zu Fuß in zehn Minuten zu erreichen ist, ebenso fern vorkommen wird wie Peking, was bleibt dann von der Welt? Was bleibt von uns?

Die Erdkrümmung wird uns zu uns selbst zurückführen, um uns wiederzufinden oder um uns endgültig zu verlieren. Schon erproben Reisende den "Leerlauf", die "Leerumkreisung" und nehmen ein Flugticket nach Roissy-en-France... in Roissy-en-France. Über die Zeitzonen hatte sich bereits Sarah Krasnoff hinweggesetzt, die bis zu ihrem Tod in Amsterdam einen ununterbrochenen Flug von fünf Monaten hinter sich gebracht hatte, während dessen sie die Maschinen der K.L.M. praktisch

nicht verlassen hatte außer zu einigen schnellen Zwischenlandungen von Kontinent zu Kontinent... Ihre Flucht in die Schwerelosigkeit, während der sie nacheinander 160 Atlantiküberquerungen absolvierte, markierte eine Schwelle: die eines Entweichens ins Vagabundentum der Beschleunigung, eines Entfliehens in das Nicht-Gebiet der Schnelligkeit, was anders ist als ein bloßes Sich-Entfernen.
Man schlägt sich nicht mehr in die Büsche oder sucht das Weite, sondern entweicht an den Nicht-Ort der Geschwindigkeit. Der Weltbürger wird zum utopischen Bürger, der nur noch die Transportmittel und die Transitstätten bewohnt. Wie die Tragfläche am Fenster während des Überschallfluges, so wird bei der Landung die Piste zum Horizont des Passagiers; der Flughafen wird zur neuen Stadt, die Transitstadt mit ihren zehn Millionen "pro Passagierjahr" wird zur letzten Stadt. Flächenmäßig steht sie in nichts hinter den größten Metropolen zurück (der Flughafen von Dallas hat die gleiche Grundfläche wie die Stadt Paris).

Die antike Stadt war ein Durchgangsort für menschliche und tierische Wanderungen. Am Kreuzungspunkt der Pisten gebaut, nahm sie die Karawanen auf, den Einzug der Bauern, die Ankunft der Händler und Boten; wie das Dorf an der Wegkreuzung, so errichtete sie sich über den metabolischen Strömen der gezähmten Tiere und richtete ihre Plätze und Viertel nach der niedrigeren Geschwindigkeit der Tierkörper ein. Fußgänger und Reiter entwarfen ihren Kataster und bestimmten ihren Grundriß; Aufgang und Treppe, Stadt und Hafen, Fußweg und Landessteg bildeten die Infrastruktur der Langsamkeit. Auf die ungeheuren Betonpisten des Flughafens treffen die Tonnen des landenden, abbremsenden Jets. Die Bewohner dieser Durchgangsorte sind "Passagiere", sie besetzen verstohlen den Raum der Luftstadt, Mieter für wenige Stunden, nicht mehr für Jahre. Ihre flüchtige Gegenwart entspricht ihrer Irrealität und der Geschwindigkeit ihrer Reise. Die Benutzer der Transit-Städte sind Schemen, die ein exotisches und zukunftsloses Ganzes bilden; wie der "Flughafenkunst" haftet ihnen eine gewisse Minderwertigkeit an. Die Flughäfen sind Städte, in denen der Passagier einen kurzen Augenblick aufsetzt, bevor er weiterspringt; Antreteplätze, gleichsam Neuauflagen von Bahnhöfen, Schwellen einer neuen Akrobatik, deren Auswirkungen wir noch kaum absehen.

Der "Leerlauf" des Reisenden, der fliegt um des Fliegens willen, wiederholt in einer anderen Dimension die Benommenheit, die schon die ersten Fahrzeuge, die Eisenbahnen und das Automobil vermittelten. Weniger die Reise treibt hier zum Aufbruch als der Geschwindigkeitsrausch und sein eigentümliches Glück; es ist ein Abflug ohne Rückfahrkarte, ein reines "Abfahren" AUF/IN DIE GESCHWINDIGKEIT, nicht mehr NACH AMERIKA oder NACH EUROPA. Wie bei den Nomaden Jack Kerouacs, für die die West- oder die Ostküste der Vereinigten Staaten kein Ziel mehr darstellen, bei den Drop-Outs, für die Geschwindigkeit allein zum wirklichen Lebensmilieu geworden ist:
"Nun geht's los ! Und er beugte sich über das Lenkrad und drückte auf die Tube; er war wieder in seinem Element, jeder konnte es sehen. Wir waren alle entzückt, wir alle erkannten, daß wir Verwirrung und Unsinn hinter uns ließen und die einzige und edle Funktion unserer Zeit erfüllten, in Bewegung

zu sein."
Das metabolische Fahrzeug hält sich für ein technisches. Daß sich von Asien nach Europa die Welt ändern kann, darüber macht sich der Passagier des "Leerlaufs" nur lustig, denn wie für den autistischen Autofahrer ist die Beschleunigung seine Bestimmung und sein Bestimmungsort geworden. Der kurze Aufenthalt am Straßenrand oder an der Tankstelle gilt nur noch elementaren Bedürfnissen, die eilig auf der Toilette des Motels oder des Flughafens erledigt werden. Der Erdboden, das Landegebiet werden mit ein oder zwei Primärfunktionen identifiziert. Etwa so wie man gestern die bürgerliche Wohnung in Zimmer teilte (Speisezimmer, Salon, Rauchzimmer etc.), werden heute die riesigen Gebiete unbedenklich instrumentalisiert: man übernachtet in Honolulu, während man auf das Flugzeug nach London wartet, man macht seine Einkäufe in New York, bevor man nach Frisco startet... das geht bis zu den Städtenamen, die man offiziell zu verändern beabsichtigt: CHICAGO und PITTSBURGH werden zu "CHIPITTS" verschmolzen. Natürlich wäre für die Passagiere, die Chicago-Pittsburgh in umgekehrter Richtung fliegen, "PITTCHICA" günstiger, BOSTON-WASHINGTON müßte nicht nur als "BOSWASH" firmieren, sondern auch als "WASHINBOST"...
Leserichtung und Schreibweise sind hier ebenso fragwürdig wie die Richtung der Reise, und die Automobilisierung erscheint als ein von der maßlosen Überproduktion schneller Fahrzeuge verbreiteter Autismus. Mit all seinen Konsequenzen aber wird sich dieser Effekt erst voll und ganz eingestellt haben, wenn die Popularisierung der hohen Geschwindigkeiten zu einem Massenphänomen geführt haben wird, wenn die Praktiken der JET-SOCIE-

TY von allen übernommen sein werden, wenn der "Leerlauf" um den Globus die allwöchentliche, wenn nicht tägliche Flucht fortsetzt. Wochenende und Landhaus, Schlafstadt und Arbeitsweg werden einen über die Erde verstreuten Funktionsraum bilden (es reicht dazu nur die Bedeutung der sogenannten "Neuverteilung der Industrie" abzuschätzen), eine Aufsplitterung des Gelebten in kleinste Sequenzen, die im Gegensatz zur unbeweglichen Zeit des Landes stehen. Die Unzufriedenheit der Städter mit dem Rahmen ihres Lebens wird enorm gestiegen sein, und der Zerstörung der Nähe zu anderen wird wahrscheinlich in dem Maße gesteigerte Aggressivität folgen, wie es eine Kausalität zwischen Hypergeschwindigkeit und Hypergewalt gibt. Man braucht sich dann nur die Beziehungen zwischen Autofahrern und Fußgängern und ihre Verhaltensweisen bei vertauschten Rollen anzusehen. Die Dynamik der Geschwindigkeit wird alles beleben, was in der Statik der Infrastruktur angelegt war: die Gewalt der Geraden; die Ideologie, die Distanz für eine "Tyrannei" zu halten; die Illusion zu glauben, Hyperkommunikabilität sei ein Zeichen von Fortschritt, ein Symbol von Zivilisation!
Mag sein, daß die Trennung der Individuen, in der man bisher einen Ausdruck von Unwillen, einen Abbruch der Beziehungen sah, zu einem Zeichen der Liebe wird... Die positive Bedeutung der gegenseitigen Anziehung wird vielleicht auf die Abstoßung übergehen, sofern uns nicht gar die extreme Langsamkeit des Gefühls, des Taktes und Kontaktes zwischen den Körpern, zwischen den Orten des Körpers schlechthin unerträglich werden...Wird mit der Gewöhnung an die Trance der hohen Geschwindigkeiten und die Omnipräsenz an den verschiedenen Orten des territorialen Kör-

pers die einfache Nähe einer Berührung ihren Reiz, ihren Wert verlieren? Wird uns die Gleichgültigkeit gegenüber den durchquerten Landschaften, gegenüber den exotischen Kulturen zur Passivität, zur Gleichgültigkeit gegenüber den Materien, den Organen und den Orten des animalischen Körpers verleiten?

Ich bin den Gedanken nicht losgeworden, daß die Erfindung des ersten Fahrzeugs, das Besteigen des animalischen Körpers (Esel, Dromedar, Elefant, Pferd, Strauß etc.) in einer Beziehung zur menschlichen Paarung stand - hat die Lust am gezähmten metabolischen Fahrzeug nicht auf die sexuellen Beziehungen zurückgewirkt? Oder sind vielmehr diese letzteren der vornehmsten Eroberung des Menschen vorangegangen? Die erste Generation schneller Fahrzeuge ist aus einer Zucht hervorgegangen, die in mysteriöser und enger Verbindung zur Entwicklung der menschlichen Bevölkerung steht. Die Geschichte der Reiterei bleibt nicht ohne Wirkung auf die der Gesellschaften; die großen Wanderungen, Überfälle, Menschenraube hängen genauso mit der Geschichte der Fahrzeug-Archetypen zusammen wie die Ausbeutung des Bodens, die Eroberung und die Besetzung der großen territorialen Körper unterscheiden sich kaum von denen der kleinen animalischen Körper!

Das Verlangen, die Lust und der Rausch beim Durchqueren eines Kontinents gleichen denen bei der Penetration (beim Eindringen); die Beschleunigung geographischer Verbindungen seit knapp zwei Jahrhunderten kann die körperlichen Verbindungen nicht unberührt gelassen haben.

Wir haben gesehen, wie die Pferde aus dem Stadtbild verschwanden, wir sehen, wie sämtliche Tiere aus den Metropolen ausgesperrt werden, wie sanitäre Maßnahmen, die in erster Linie die Haustiere betreffen, ei-

ner vorgeblichen Ansteckungsgefahr wegen oft zur Ausrottung ganzer Arten führen...Wir haben auch die Wiederkehr des rein zur Unterhaltung dienenden Tieres im Zirkus oder im Reitsport gesehen - muß man sich nicht auf etwas Vergleichbares im körperlichen Verhältnis der Sexualpartner gefaßt machen?
Die Geschwindigkeit der Begegnungen kann uns dann verleiten, Zusammenkommen und Zusammenprallen zu verwechseln. Der Wegfall von Präliminarien im Akt des Übergangs, im Eindringen und in der jähen Landung (in New York, in Honkong)kann nicht ohne Folgen auf die Begegnung der Paare bleiben. Das fortschreitende Verschwinden der "Höflichkeit", die selber eine gespielte Aufnahme, einen Ersatz der primitiven Gastfreundschaft darstellte, äußert sich heute in einer virilen Form von Kontakt, die man " Offenheit" nennt, und mag letzten Endes zum gewohnheitsmäßigen Austausch schlechter Behandlung führen.

* * *

"Wir sind wie Autos. Wir trinken wie Autos, laufen schnell wie Autos, haben keine Zeit mehr, 'Guten Tag' oder 'Auf Wiedersehen' zu sagen. Wir sind wie das Kaninchen von Alice: schnell, schnell, schnell... wir kommen immer zu spät, auch wenn wir zu früh kommen..." (Valérie, 9 Jahre).
Es gilt jetzt, die Repression der Animalität des Menschen zu analysieren, den Gebrauch des Körpers in der Stadt zu untersuchen; entgegen der geläufigen Ansicht ist nämlich die Stadt nicht der Ort ungeheurer physischer, sondern der nervöser Aktivitäten. Zum einen werden im Raum der Stadt die Aktivitäten des Körpers zunehmend abgebremst und durch die technischer Prothesen, Fahrstühle, Rollbänder, Rolltreppen, Automobile ersetzt...Zum anderen beschleunigt sich die Verknappung von Zwischenräumen im Gewebe der Stadt wie im Inneren

der Gebäude: Schmälerung der Bürgersteige, der Wohnungen, der Zimmerhöhe... Ganz zu schweigen von sich ständig mehrenden Verboten, die den Städter betreffen und ganz legal seine ihm noch verbliebene Bewegungsfreiheit einfrieren. All diese Faktoren tragen dazu bei, die körperliche Bewegung einzuschränken beziehungsweise abzuschaffen: sitzend, stehend oder liegend - nur selten noch setzt der Stadtmensch in Bewegung, was doch sein erstes Fortbewegungsmittel darstellt: seine unteren Gliedmaße. Mit zunehmender Verengung der Dimension und der Weite der körperlichen Betätigung wird das Individuum durch die Schnurgeraden der Stadtgeometrie (die orthogonale Orthodoxie seiner Wohnung, seines Hauses) linear gemacht und in den genannten Stellungen festgenagelt, wobei noch zu ergänzen ist, daß die liegende Stellung praktisch dem Schlaf vorbehalten ist und die stehende relativ selten wird. Diese Sklerose des Verhaltens, diese Bewegungen, die zu simplen Gesten der oberen Gliedmaßen gerinnen, weisen auf die Desanimalisierung der Verkehrsteilnehmer. Immer mehr wird die verstädterte Menschheit zu einer sitzenden Menschheit. "Sport" soll dieser Verkümmerung ein wenig abhelfen, und so werden bestimmte Orte und Plätze für geregelte körperliche Übungen vorgesehen. Das aber heißt willentlich die Permanenz der Körperkultur und die Auswirkungen der alltäglichen Körperhaltungen auf das Psychische verkennen. Weit vor dem Stadtviertel und der Wohnung bewohnt das Individuum seinen eigenen Körper, mit ihm reiht es sich in Massen ein, die ein Gewicht haben, Räume, Überfüllen, sich ausdehnen können usw.

Mobilität und Motilität des Körpers erst führen der Wahrnehmung jenen Reichtum zu, der für die Ichbildung unabdingbar ist. Diese Dynamik der Fortbewegung zu verlangsamen oder gar ganz zu beseitigen, Verhalten und Bewegungen aufs Äußerste zu fixieren, führt zu schwersten Störungen der Person und zu Schädigungen ihrer Realitätstüchtigkeit.

Der Verlust kinetischer und taktiler Eindrücke, von Geruchseindrücken, wie sie die direkte Fortbewegung noch lieferte, läßt sich nicht durch eine vermittelte, eine Medien-Perzeption, durch das Vorbeiziehen der Bilder an der Windschutzscheibe des Autos, auf der Kinoleinwand oder gar dem kleinen Fernsehbildschirm ersetzen. Dieser illusorische Ersatz ist gleichwohl zu einer "Spitzenindustrie", der Elektronik geworden.

Seitdem wird der Reisende von der Botschaft verfolgt, vom Autoradio bis hin zum Fußgängertelefon und zum "Audio-Helm" für den Motorradfahrer, mit dem er Radioprogramme hören kann, wobei ihm ein Ohr für die "Außengeräusche" bleibt (wie bei einem toxischen Stoff lautet der Hinweis: "Nicht über 90km/h benutzen!").

Die Telekommunikationsmittelindustrie bemüht sich um die umfassende Ersetzung des Hörens und Fühlens durch den Radiokontakt.

Seit es das Fernsehen und Fernsprechen gibt, gehören zur Verkehrsordnung nicht nur die Fahrvorschriften, sondern auch die Fernlenkung und Fernüberwachung. Der Passagier, jener flüchtige Bewohner des Nicht-Orts der Geschwindigkeit, wird von ferne verfolgt. Die Antenne auf dem Dach oder dem Helm wird zum festen Bestandteil der Straßenbeschilderung; zu dem physischen und sichtbaren Verbot der Zeichen und Sperren tritt das andere, unwägbare der Verkehrshinweise.

Dem Rattern der Zugräder, der den Musikern ge-

widmeten Prosa des Transsibirienexpresses folgt die Begleitmusik...
"Wir alle hatten unsere kleinen Streitigkeiten gehabt. 'Das liegt hinter uns, einfach wegen der Kilometer und der Straßenbiegungen... und hört euch doch einmal diesen bedienten Tenoristen an' - er drehte das Radio auf, daß der Wagen zu zittern begann..."
Das Einsteigen in die Dynamik, der Geschwindigkeitsrausch reichen den Vagabunden Kerouacs schon nicht mehr, sie müssen die Leere der Kontinentdurchquerung auffüllen; die Konsumtion des Raumes ist auch Konsumtion von Zeichen und Botschaften... Die Botschaft der Geschwindigkeit des Automobils und die Geschwindigkeit der Radio-Botschaft gehen ineinander über. Die Benommenheit des Passagiers in seinem Boliden ähnelt dem Dösen des Opiomanen, er ist anderswo, doch leicht zu erreichen; er glaubt frei zu sein wie der Wind, doch in Wirklichkeit ist die Kontrolle ihm auf den Fersen. Die Sättigung der Umgebung macht ihn fertig, und die Überfüllung des hertzschen Raums folgt der des Luftraumes.

Zwei Situationen, zwischen denen siebzehn Jahre liegen, am selben Ort, der Berliner Autobahn, demonstrieren die Entwicklung der Hyper-Kommunikabilität: die erste ist von Albert Speer in seinen Memoiren aufgezeichnet. Es ist gegen Ende des Zweiten Weltkrieges, die Verantwortlichen des Reiches vergraben sich in ihren Bunkern, die Luftherrschaft der Alliierten macht jede Straßenbenutzung gefährlich.
"Ich war erleichtert", schreibt Speer, "als ich in der frischen Nachtluft am Steuer meines Autos

saß... Mit Kempka hatte ich schnell verabredet, daß wir uns im Fahren abwechseln wollten. Es war unterdessen etwa halb zwei morgens geworden, und wenn wir die 500 Kilometer der Autobahn bis zum Hauptquartier des Oberbefehlshabers West bei Nauheim noch vor Tage und damit vor dem Auftauchen der Tiefflieger zurücklegen wollten, war Eile notwendig.
Das Radio, auf den Sender für unsere Nachtjäger eingestellt, das Quadratnetz auf den Knien. 'Nachtjäger im Quadrat..., mehrere Moskitos im Quadrat..., Nachtjäger im Quadrat...,' verfolgten wir den genauen Stand der gegnerischen Einflüge. Wenn sich uns ein Verband näherte, mußten wir auf Standlicht abblenden und uns langsam am Rande der Straße entlangbewegen. Sobald jedoch unser Quadrat feindfrei war, wurden die großen Zeiss-Scheinwerfer, die zwei Nebellampen, sowie der Suchscheinwerfer voll aufgeblendet und mit heulendem Kompressor jagten wir über die Autobahn..."
Für die Fahrer des Mercedes, die aus Berlin fliehen, betreffen die Hinweise nicht mehr nur den Straßenverkehr, sondern auch den nächtlichen Luftverkehr; die feindliche Maschine, die in großer Höhe Hunderte von Kilometern entfernt über die Reichsgrenze dringt, alarmiert sie augenblicklich. Die Geschwindigkeit des Autos wird zur Funktion der Geschwindigkeit, mit der der Nachtjäger eindringt, und der Befehlsstand der LUFTWAFFE wirkt, vermittelt über das Bordradio, etwa so wie ein Schalthebel, der Luft- und Bodenfahrzeuge zusammen- und auseinanderschaltet. Genaugenommen befinden sich die beiden Insassen des Mercedes gar nicht mehr auf der Autobahn, sondern besetzen die unsichtbare Gegend des Kriegsspiels; ähnlich dem verfolgten Räuber, der am Radio den Po-

lizeifunk abhört, nutzen Speer und sein Fahrer die Kontrolle des ungeheuren Luftraums und die Feindaufklärung.
Diese Fahrt, bei der die Ubiquität praktisch verwirklicht ist, zeugt von den Übeln einer Fahrzeugschwemme (Inflation von Botschaften und Überschuß von Fahrzeugen). Das sofortige oder nahezu sofortige Wissen hilft nicht mehr, zu entscheiden, was wichtig ist und was nicht; alles wird zur Quelle von Ungewißheit. Dadurch, daß die augenblicklich eintreffende Information Handlungen vorwegnimmt, kann sie zwar vor einem Risiko schützen, aber sie erzeugt auch, wie wir im zweiten Beispiel sehen werden, die Krise:
Wir befinden uns mitten im Kalten Krieg, im August 1961, zur Zeit der Berlinkrise. Zwischen Amerikanern und Russen droht es zur Konfrontation zu kommen, weil die Russen die Landwege zur ehemaligen deutschen Hauptstadt sperren wollen. Um den eigenen Handlungsspielraum und die Entschlossenheit der Sowjets zu testen, beschließt Präsident Kennedy, einen Militärkonvoi über die Autobahn nach Berlin zu schicken:
"Im Morgengrauen des Sonntags gab Colonel Grover S. Johns am amerikanischen Check-Point ALPHA in Helmstedt seinen 1500 Soldaten den Marschbefehl. Die Einheit rollte auf die Grenze der sowjetischen Zone zu. In der Baracke ALPHA saß ein Offizier an einer Telefonanlage, die gleichzeitig mit dem Funkgerät im Wagen von Colonel Johns und dem Weißen Haus in Washington verbunden war, wo General Clifton, der Adjutant Präsident Kennedys, am Apparat war. An diesem Wochenende war der Präsident nicht nach Hyannis Port gefahren, sondern wegen des Militärkonvois nach Berlin in der Hauptstadt geblieben... Während der

gesamten Berlin-Krise war dies für ihn der Moment höchster Spannung und Sorge: es war sein erster Befehl, der zu einem Zusammenstoß amerikanischer und sowjetischer Truppen hätte führen können. General Clifton teilte dem Präsidenten mit, daß der Konvoi den Grenzposten passiert hatte... Vom Untergeschoß des Weißen Hauses aus bleibt Clifton in ständiger Telefon- und Funkverbindung mit Colonel Johns und während der gesamten Fahrt durch die sowjetische Zone erstattet er alle zwanzig Minuten dem Präsidenten Bericht. Gegen Mittag erreichte die Spitze des Konvois den West-Berliner Kontrollpunkt Dreilinden. Die Berliner jubelten und der Präsident atmete auf."

Der Jeep des Colonels Johns auf dem Weg nach Berlin flieht nicht mehr die Gefahr wie der Kompressormercedes Albert Speers, sondern sucht sie; er testet für den Tausende von Kilometern entfernten Präsidenten der Vereinigten Staaten die Entschlossenheit Nikita Chruschtschows.

Aus dem Quadratnetz auf den Knien des Reichsministers ist gut fünfzehn Jahre später das Schachbrett des "Kalten Krieges" geworden, und dieser Konvoi samt allen, die ihm folgen werden, gleichen den Figuren, die die Gegner verschieben. Dank der augenblicklichen Übermittlung der Information gehen von einem Jeep und ein paar Lastwagen mehr Schrecken aus als von der "Unbesiegbaren Armada". Die unmittelbare und gegenseitige Erkennung macht den geringsten Zwischenfall, die geringste Geste entscheidend für die Zukunft der Welt. So wie die Geschwindigkeit des technischen Fahrzeugs den Fahr-Raum auflöst, so macht die Geschwindigkeit der Hinweise Schluß mit dem Unbedeutenden. Von jetzt an ist alles extrem, ist das ENDE der Welt fühlbar in der Situation, die sowohl aus der

Super-Durchdringbarkeit der Gelände wie aus der Hyper-Kommunikabilität der Mittel herrührt.

* * *

Bereits die Saint-Simonisten haben verkündet, die Eisenbahn werde durch ihre unerhörten Möglichkeiten, rasch die entferntesten Weltenden miteinander zu verbinden, der Welt den Frieden bringen, Kipling formulierte das noch großzügiger: "Verkehr ist Zivilisation!" und für Lenin war die Revolution "Kommunismus plus Elektrizität."

Dieser schöne Optimismus lebt weiter in der transmedialen Prosa Marshall McLuhans, so wie sich seit dem 19. Jahrhundert die Vorstellung gehalten hat, daß die räumliche Trennung ein Übel sei, das an Konflikten, Haß und Mißverständnissen schuld sei... und auch an sozialen Ungleichheiten. Das in der Distanznahme liegende Unbekannte schreckt, und nur die von den neuen Fahrzeugsystemen ermöglichte Nähe wird mit dem Raum und der Zeit auch den Ursprung von Leid und Elend beseitigen.
Der Tag, an dem alles kommunizierbar und damit erkennbar sein wird, wird den universellen Frieden einläuten... Der alte Wunsch nach Gemeinschaft wird mit dem Sieg über die Tyrannei der Entfernung, mit dem Ende der Herrschaft von Ausdehnung und Distanz endlich in Erfüllung gehen.
Bis zum heutigen Tag identifizieren wir die Auflösung von Enklaven mit dem Fortschritt (1), bekämpfen wir heftig alle Isolationismen als unerträgliche Repressionen, als ungesunde Einschliessungen,aber wir haben nicht die leiseste Ahnung von Sinn und Bedeutung des alten Mythos von Durchsicht-Durchdringung. Diese allgemeine Nähe,

dieser Globus, auf dem alles "in Reichweite" ist, dieses Kontinuum, in dem alles brutal zusammengeschoben ist und dessen Sättigung weniger von der Überfülle an Fahrzeugen als von der Geschwindigkeit der verschiedenen Vektoren herrührt - all das ist uns vollkommen fremd... ja, fremd.

Der Unbekannte, der Fremde, das ist für uns schon nicht mehr der, der von fern kommt, sondern der, der gleich nebenan wohnt. Entgegen den Weissagungen der alten Propheten des utopischen Sozialismus ist die Entwicklung der gesellschaftlichen Kommunikation nicht charakteristisch für die Krise des Staates (crise de l'Etat), sondern eher für den Krisenzustand (l'état de crise). Die Hyperkommunikabilität der Massenmedien bedeutet mit der Unmittelbarkeit der Informationsmacht auch die unmittelbare Information der Macht. Die Super-Durchlässigkeit der verschiedenen (terrestrischen, atmosphärischen, hydro-sphärischen...)Räume bringt mit der Macht der Konzentration auch die Konzentration der Macht. *
Seit einem Jahrhundert hat diese Kongruenz/Konvergenz durch die Dramatisierung der banalsten Alltäglichkeit einen permanenten Krisenzustand bewirkt. Seitdem geht alles per Express, ist expressiv (und manchmal expressionistisch). Die extreme Konzentration hat allen, die sie zu nutzen wußten, so ungeahnte Beherrschungsmöglichkeiten in die Hand gegeben, daß darüber das berühmte Wort von Saint-Juste: "Wenn die Völker unterdrückt werden können, so werden sie es auch" zu einer schlichten Banalität geworden. Weitgehend verkannt aber sind nach wie vor die Wirkung der Fahrzeuggeschwindigkeit auf das Gebiet, das fortschreitende Verschwinden der Realität der Körper und der

* Austausch an Information: gibt es die? gibt es die nicht

Gelände in der Geschwindigkeit der Reise, die Auflösung des Ortes zugunsten des Nicht-Ortes der Fahrt, zugunsten der Abwesenheit des Passagiers.

Liest man die progressive oder positivistische Literatur, so ist der Strom gleich Sozialismus, die Beschleunigung gleich Kommunismus und die "Grosse Bewegung" gleich Fortschritt... Der Raum steht für den Ort der Freiheit und die Durchlauf- und Transportgeschwindigkeit für eine positive Vergesellschaftung, so daß am Ende für die Eroberer der neuen "Neuen Welt" die Begriffe "Sozialismus" und "Geschwindigkeit" gänzlich austauschbar werden (man lese nur die Berichte über die Konflikte während der Commune zwischen den "Cheminots", d.h. den Kommunarden, denen die Lokomotive als Symbol der Einheit galt, und denen, die in ihr das bürgerliche Eigentum sahen).

Aufschlußreich ist auch der Selbstmord von Santos Dumont: bei einem Aufenthalt in Frankreich während des Ersten Weltkrieges wird er zum ohnmächtigen Zeugen einer der ersten Luftschlachten; er traut buchstäblich seinen Augen nicht und kehrt verzweifelt nach Brasilien zurück, wo er sich das Leben nimmt.
Der Prophet des Fliegens kann den Absturz Ikarus' nicht ertragen; was ihm transparente Helle schien, hat sich verdüstert. Zu plötzlich hat der heitere Luftfahrtpionier an der Niederlage des Flugzeugs die des Raumes erfahren.
Das wirkliche Jet-Projekt zeigt sich weniger in der Concorde, dem "Bindestrich zwischen den Völkern", als vielmehr in der Flugbahn des Projektils: die Politik ist ballistisch, ist Geo-Politik, Geo-Strategie geworden. Die alte Poliorcetik, die

Belagerung der Stadt-Staaten, ist von der vektoriellen Politik des Krisenzustandes verdrängt worden, die Prospektive ersetzt die Perspektive. Künftig ist alles nah, einschließlich der Zukunft. Mit der Verallgemeinerung der Voraussage und der Voraussicht wird alles antizipiert, projektiert.

Planung ist mehr als Planierung, sie ist eine Plättung, ein Zusammenschieben, bei dem alle in Bewegung befindlichen Teile gegeneinanderstoßen und zerbrechen, Hinweise, Botschaften, Werte... aber auch Körper gegen Körper. In der Bilanz der Toten am Wochenende, im Überschallknall spiegelt sich diese unmittelbare Fieberhaftigkeit; die Karambolage, die für uns sichtbar mit dem Autounfall beginnt, setzt sich hörbar fort im Durchbrechen der Schallmauer, um vielleicht eines Tages in der Detonation einer kritischen Masse zu enden... Wozu wir wohlverstanden keine "Maschine des Jüngsten Gerichts", keine absolute Nuklearwaffe brauchen, weil die Fahrzeugerzeugung ganz allein diese Dekonstruktion, diesen Abbau der Welt zustandebringt, der ehedem mit den Archetypen Pferd und Schiff in die Wege geleitet worden ist und sich mit der fortschreitenden Auflösung der Enklaven seit dem 19. Jahrhundert beschleunigt hat. Ein Prozeß, den man, so als handele es sich um eine neue Welt, "die Eroberung der Geschwindigkeit" genannt hat, obwohl es sich bei diesem Bereich weniger um einen KONTINENT als um die inkontinente, die zügellose Fahrzeugproduktion des industriellen Abendlandes handelt.

* * *

"Wenn es uns gelingt, auf unserem gesamten Streckennetz auf die Sekunde pünktlich zu sein, werden

wir der Menschheit das wirkungsvollste Instrument zur Errichtung der neuen Welt gegeben haben." (Audibert, Polytechnischer Ingenieur, zuständig für die Organisation des Bahnwesens.)
Unter dem Vorwand von Pünktlichkeit und Sicherheit (Vermeidung von Zusammenstößen auf einspurigen Strecken) beginnt hier eine rigorose Verwaltung der Zeit. Man kommt zu einer gesellschaftlichen Regulierung, die zuerst die Reisenden, dann die Arbeiter und die ganze Gesellschaft umkrempelt. Die Raserei und die Risiken rechtfertigen eine gründliche Dressur, die sich im Wesentlichen unbemerkt abspielt oder noch als Zeichen von Fortschritt und manchmal, so paradox das klingt, von Freiheit begrüßt wird! Das monströse Emblem des Kultes der Pünktlichkeit wird an den Fronten der Bahnhöfe oder sogar, wie bei der Gare de Lyon in Paris, wie ein Campanile am Rande der Bahnsteige, der "Ablegestelle der Willen", errichtet; die Orte der Welt werden zu Stundenzeigern der Welt und die Standuhren in der Vorhalle zeigen mit der eigenen die Zeit der Antipoden an. Die Kathedralen der Hin- und-Rückfahrt dienen auch einem Kult der Zeit, einer Horolatrie (2).
Die Disziplin des Geistes und des Körpers, diese Erfindung des klösterlichen Lebens, der freiwilligen Abschließung im Schoße einer religiösen oder militärischen Ordnung, wird zu einem Bestandteil des bürgerlichen Lebens. Dieser Übergang vom Säkulären zum Regulären, den bald die gesamte abendländische Gesellschaft durchmacht, wird zur Errichtung einer Planung und Programmierung der gesellschaftlichen Zeit führen; der Umweltplanung wird vielleicht eines Tages eine staatliche Zeitplanung und, wer weiß, vielleicht ein echtes Zeitministerium folgen.

Den Geschwindigkeitsregeln für Straße und Schiene würden Regeln für den Fußgänger folgen... ein Code der niedrigen metabolischen Geschwindigkeiten, eine Verwaltung der geläufigen Bewegungen... Seit kurzem beispielsweise können in der Sowjetunion Fußgänger bei bestimmten Verstößen gegen die Straßenverkehrsordnung mit Strafen bis zu zehn Jahren Gefängnis belegt werden. Bislang waren nur die Fußgänger strafbar, die einen Unfall verursacht hatten, jetzt fordert der oberste sowjetische Gerichtshof den gleichen Respekt vor den Verkehrsregeln von denen, die sich zu Fuß fortbewegen, wie von denen, die sich mechanischer Mittel bedienen.
Es erinnert ein wenig an jene Schulhöfe, in denen es den Kindern untersagt war zu laufen, damit, wie Marcel Pagnol erklärt, "die Enge des Pausenraums ihnen nicht unerträglich schien...", wenn Ivan Illich die Einrichtung einer "Verkehrsjustiz" vorschlägt: "Daß keine gesellschaftliche Zeitrechnung existiert, heißt nicht, daß es unmöglich wäre, sie zu erstellen..."(3). Für diesen Verführermönch liegt das Heil in der Begrenzung, in der Regel. Der Rechtseifer,der sich in diesem brüderlichen Miteinander verbirgt, darf uns indes nicht übersehen lassen, daß das Recht ebenso ein Instrument ist wie das Telefon oder die Elektrizität, ein Werkzeug, das Experten braucht um zu funktionieren. Tatsächlich unterscheidet sich der Optimismus gegenüber der juristischen Mediation gar nicht so sehr von dem, der seit über einem Jahrhundert die "Fortschritte" der gesellschaftlichen Kommunikation/Kommunion begleitet, und das Mönchtum Illichs trägt dazu bei, die politische Zukunft des Kontrolleurs und des Beichtvaters, d.h. letzten Endes des "Gewissensführers" zu sichern.

Zum Schluß will ich an die Ermahnung des alten Lappen erinnern: "Wenn du auf deinen Schlitten über die Steppe jagst, so wende dich oft zurück, um dir deinen Rückweg einzuprägen." Vom Rücklauf des Nomaden zum Leerlauf der modernen Irrfahrt bringt uns das Fahrzeugsystem zum Ausgangspunkt zurück. Die Zukunft existiert nicht mehr: Im Land, das vor uns liegt, jenseits des Horizonts, schließt sich der Leerlauf der Reisen. Das Anderswo beginnt hier, wir selbst werden unser Unbekanntes.
Die Geschwindigkeit ist nicht mehr das Zeichen eines Fortschritts, einer Progression, sondern das einer Konversion; die Revolution des Fahrzeugs ist letztlich eine ewige Wiederkehr. Die Illusion der Geraden ist vergangen und mit ihr die des "Bindestriches" zwischen den Nationen und den Völkern. Der Flug Blériots zu den Felsen von Dover oder der Lindbergs sind künftig weniger bezeichnend als das endlose Kreisen von Clément Ader auf dem Feld von Satory... Gestern noch sprach Apollinaire von seinem Wunsch nach dem Kommen des grossen Vergessers, jenes Christoph Columbus, der uns einen Kontinent vergessen ließe... sein Wunsch ist bereits in Erfüllung gegangen.

Anmerkungen:

(1) "La durée, l'espace et l'homme à l'époque moderne", P. Chaunu, éd. S.E.D.E.S.
(2) "La vie quotidienne dans les chemins de fer au XIX siècle", H. Vincenot, éd. Hachette
(3) "Die sogenannte Energiekrise", Reinbeck bei Hamburg 1974

DAS BEWEGTE

"Es gibt drei Arten von Intelligenz:
die menschliche Intelligenz,
die tierische Intelligenz
und die militärische Intelligenz."
Aldous Huxley

Das Hinzielen auf eine nicht mehr rückgängig zu machende Nutzung der Atomkraft breitet eine "Endzeit-Moral"über den gesamten Planeten aus. Raum und Zeit, die dieses Projekt in Frage stellt, sind konkret; der selbstmörderische Zustand (1) ist ein konstruierter Zustand, dessen Ausgang nicht mehr einen ökonomischen, einen politischen, sozialen oder kulturellen Raum betrifft. Er betrifft alle auf-einmal.

Wenn, was sehr häufig vorkommt, heutzutage vom "militärisch-industriellen Komplex" die Rede ist, so wird seine mehr oder weniger statische Seite dargestellt, und das Neuste über Atomkraft findet sich auf der letzten Seite der Zeitung, in der Spalte "Neues in Kürze" untergebracht. Unsere Existenz ähnelt der des Soldaten von Kinglake: "Mit dem bloßen Auge betrachtet, besaß das Schlachtfeld weder Zusammenhang noch Länge, Breite oder Tiefe, weder Dimension noch Form und bestand aus nichts...außer aus zahllosen kleinen Kreisen an den Stellen, wo der Nebel aufriß und man hindurchsehen konnte... Unter diesen Umständen lieferte jede Gruppe von Soldaten ihre eigene kleine Schlacht in glücklicher und gnädiger Unkenntnis der Gesamtsituation, was sage ich, oft genug in Unkenntnis der Tatsache, daß um sie herum eine große Schlacht wütete."

Dieses künstliche Feld ist ein Zustand, in dem wir wohl oder übel künftig leben. Die Megalopolis amerikanischen Typs stellt seine bezeichnende Realisierung dar: auch sie ergibt vor dem bloßen Auge keinen Sinn, keine Ausdehnung, keinen Zusammenhang, ihre tiefen engen Schluchten begrenzen das Gesichtsfeld der Bewohner, ihre letzten Horizonte verdämmern im Smog. Zwar steckt jeder in irgendwelchen Nahkämpfen, doch der Sinn des Ganzen, seine Bestimmung, entgehen ihren Bewohnern.
Das Ende der Städte, seit langem auf den Ausbruch eines Atomkrieges festgelegt (die Politik der Einsätze), ist bereits ihrer Gegenwart eingeschrieben, wie es von New York hieß: "Diese Städte zerstören sich selbst". Ihre einfache Verwaltung ist bekanntlich zu einem unlösbaren Problem geworden, und man fragt sich, was erst werden soll, wenn - in erster Linie auf Betreiben militärischer Stellen wie der NATO - die Zusammenschlüsse mit den benachbarten Megapolen realisiert sein werden, die aus CHICAGO und PITTSBURGH "CHIPITTS" machen, aus BOSTON und WASHINGTON "BOSWASH" usw.
Die bei der Konferenz in diesem Herbst von den Experten der NATO und ihres "Ausschusses für die Herausforderung der modernen Gesellschaft" vorgelegten Themen und Lösungen sind bezeichnend, vor allem die Pilotstudie über "universelle Planung des Personen- und Güterverkehrs".
Es handelt sich bei diesen Studien nicht mehr um die etwas euphemische und wirklichkeitsfremde wirtschaftliche Planung von der Art eines La Haye; sogar wenn diese Begriffe noch als Beweggrund angegeben werden und vorläufig noch das Mittel sind, so bestimmen sie nicht das Geschehen: Über

kurz oder lang wird durch die militärisch-industrielle Struktur jede menschliche Bewegung auf der Erde in Frage gestellt... Die große, im Aufstieg befindliche Kraft ist nicht der kapitalistische, sozialistische oder industrielle Staat, sondern der militärische Staat.
Wer fordert die Trennung von Armee und Staat? Das Afrika der Dritten Welt ist nicht im Rückstand gegenüber Europa, sondern ihm voraus: beinahe überall regiert schon die Armee; die postindustrielle Gesellschaft ist die militärische Gesellschaft. Doch niemand nimmt den Armee-Staat unter die Lupe.
Geht man zurück zu den Ursprüngen des europäisch-abendländischen Systems (8.,9. Jahrhundert), so stößt man auf eine im Wesentlichen agrarische Welt, auf das Quasi-Nichtvorhandensein einer Seemacht, den Verfall der großen staatlichen Strukturen (römisches Recht, Kontinentalstraßen, städtischer Zentralismus usw.), Eliten und eine Verwaltung, die zu Pferde unterwegs ist.
Diese Eliten in Bewegung, dieses Subjekt, dessen Hauptbeschäftigung es ist, sich fortzubewegen, wobei es nur über sich und seine eigenen Mittel verfügt, benutzt das Feld, um sich hin und her zu bewegen, um auszuweichen, sich zu tarnen, nicht aber um sich zu verteidigen. Dieses Subjekt hat nur seine Dimensionen; sein Raum und seine Zeit fallen mit seiner Dauer zusammen, und selbst sein Seelenheil liegt in diesem augenblicklichen Raum, in dem alles unmittelbar und nah sein muß.
Diese extreme Verdichtung von Wollen und (Sich-) Bewegen wird einen literarischen Namen erhalten, "la chanson de geste", der Gesang der Heldentaten.
Diese Kultur der Gegenwart und des Augenblicks

verschwindet in dem Moment, wo das Subjekt sich allmählich auf dem Territorium aufrichtet. Wohl richtete sich in jenem Halb-Nomadentum das Wollen auf einen festen Orientierungspunkt (Standorte, Richtpunkte, Wasserstellen usw.), doch das Land selbst war unbegrenzt, und die Gefahr ruhte genau in seiner Begrenzung: alles muß alles umfassen, augenblicklich (2).
Mit dem strategischen Sich-Aufrichten taucht erneut die Festung in ihrer ersten Bestimmung als bleibendes Hindernis (3) auf. Das Feld wird begrenzt statt durchquert, es wird beherrscht und beobachtet. Das Wollen wirkt jetzt umgekehrt zum (Sich-)Bewegen, es sucht die Grenzen, die dem Feld durch das Hindernis des Bauwerkes auferlegt sind, zurückzudrängen. Die Haltung der Eliten entspricht genau der neuen Stellung des Subjektes im Raum. Dieses nimmt wieder die alte Verbannung auf sich, es geht ins Exil, wird zu einem falschen Nomaden. Dem Bruch folgt die lange geduldige Suche, das Erfinden eines Verhaltens angesichts der ganz realen Scheidung von der Unmittelbarkeit, und vom Augenblick.
Auf dem Terrain also entsteht die abendländische Anomalie, jene Verbindung aus dauerhafter, konstruierter Struktur und Diskurs (discursus(4)). Tatsächlich verschwindet der discursus, der das Privileg des "Enteigneten" (Jüngerer Sohn, Geheimagent, Bote, Künstler, Liebender usw.) ist, ebenso wie die strategische Aufrichtung des Älteren (des Besitzenden) freiwillig in einer mehrdeutigen Raum/Zeit verschwindet, sei sie projiziert und konstruiert, sei sie notgedrungen bloß projiziert. Das Subjekt wird zum objektiven Menschen, der von der wahrgenommenen Welt unabhängig ist und mit ihr nur über die wachsende Zahl der Gesetze kom-

muniziert, die er erfindet. Der Legalismus dringt in alle Bereiche ein (Wiedereinsetzung des römischen Rechts im 16. Jahrhundert).
Mit der gregorianischen Reform im 11. Jahrhundert wird die Scheidung von Zeitlichem und Geistigem offiziell anerkannt, weil die Ewigkeit (das Bleibende) praktisch zur gleichen Zeit verschwunden ist wie das freie Feld, der unmittelbare Raum. Fortan ist die Ferne begrenzt und die Ewigkeit wird zu einer Perspektive, der man sich mit den Techniken der Religion zuwendet. An die Stelle der Dauer im unmittelbaren Feld tritt das Ende (der Tod). Der Tod ist überall und gegenwärtig, er umgibt und trennt Prinzen, Ritter, Liebende und Bauern. Die Ferne wird dem Tod gleichgesetzt, einer irrationalen, aggressiven, abschreckenden Kraft, die die abendländische Gesellschaft auf ihre sicheren und schützenden Strukturen zurückdrängt... ihre gebauten Strukturen, die Trennungsinstrumente sind.
Denn diese Trennung ist eine technische Operation: die Festung wirkt sowohl als bleibendes Hindernis im Raum wie als ständige Umschließung in der Zeit.
Dem liegt das militärische Prinzip zugrunde, den Widerstand der gehaltenen Stellungen so zu steigern, wie sich der Angriff und seine Vernichtungskräfte steigern.
Von Anfang an ist der Beitrag der Mechanik entscheidend: der Hauptfaktor in der Entwicklung der gebauten Struktur, in ihrer schematischen Evolution ist die technische Verbesserung der (Angriffs-) Maschine, aber diese Entwicklung treibt zu keiner Revolution, sondern ist buchstäblich eine Konservation tautologischer Art (die Mauern des ersten 90 km langen Ringes um Babylon haben eine Dicke

von 26 m bei einer Höhe von 47 m, während die des Abendlandes, das keine Maschinen (zum Rammen oder Übersteigen) kennt, 2 oder 3 m Dicke bei 6 oder 8 m Höhe haben).
Dieses tautologische Fortschreiten ist eine Schraube ohne Ende. Als beständiges Hindernis ist die Festung ein Körper, der sich täglich insgeheim verändern muß, denn sobald er innehält - sobald er seinen Widerstand nicht erhöht -, wird sein Nicht-Fortschreiten fatal für ihn und er verschwindet.
Ihre strukturelle, bauliche Beständigkeit beruht auf ihrer beständigen Veränderung, sie existiert nur im Bezug zu ihrer möglichen Nicht-Existenz - ein Existenzbeweis"per absurdum". Sie ist eine rein spekulative Praxis, ein Ludismus (siehe Hermann Kahn und das "atomare Spiel" in vierundvierzig Stufen), und sie treibt diese Tendenz so weit, daß sie fortwährend ihre logistischen Aspekte überschreitet, um im Phantastischen, im schlichten Wahnsinn zu landen (die unterirdischen Befestigungen im 19. Jahrhundert in Frankreich, die Maginot-Linie usw.).
Das Prinzip dieser Kunst besteht darin, Energien aus der Zeit und dem Raum des Menschen herauszuschaffen: da ist der Ort, der widernatürliche Privilegien besitzt, ein Ort der Ubiquität, des Schutzes und der Erhaltung, der die kleine Zahl der Erwählten rettet, da sind die beständigen Privilegien des Ortes, die eine Elite hervorheben und initiieren, indem sie die restliche Gesamtheit herabsetzen, denn umgekehrt schafft die umschließende Struktur für die Masse (der Ausgeschlossenen) etwas Unverständliches, Unbewohnbares und Todbringendes, und diejenigen, die sich in den Raum der Elite vorwagen, finden es ebenso schwer

S.1513

in ihn einzudringen wie ihn wieder zu verlassen. Was trotz ihrer scheinbaren Ähnlichkeit die europäische Burg des Mittelalters von der antiken unterscheidet, ist die Fähigkeit der ersten, dank der Organisation ihrer Binnenräume, den Kampf, das militärische Spiel unbegrenzt zu verlängern: mit ihren Löchern, ihren Treppen, ihren Gängen, ihren Hindernissen, ihren Vorsprüngen ist sie nach dem Wort des Generals de Villemoisy eine Art "Trick-Kiste". Von der Renaissance an wird der perverse Begriff des Feldes (Feld der Strategeme) vorherrschen und die Elite zur Aufgabe ihrer schweren und sichtbaren Bauten führen, zunächst aus wirtschaftlichen Motiven. Die Werke der Meister jener Zeit wie Dürer, Michelangelo, da Vinci etc. verbinden sich aufs engste mit der Schaffung dieses neuen, rein spekulativen Universums.

Der Wall, der einen Raum umschließt und damit ein künstliches Feld schafft, öffnet dieses dem Spiel der Voraussicht. Sie macht das Feld zu einem Schauplatz (Vauban)* auf dem nicht nur physischer Druck (Verwundung, Ermüdung, Niederwerfen, Tod usw.), sondern auch psychologischer Druck (Schrecken, Verwirrung, Entmutigung usw.) ausgeübt werden kann, was sich schon durch die Anlage des Geländes, das durchschritten werden muß, bewirken läßt. Machiavelli folgend wird Vauban empfehlen, mittels eines konstruierten

---

*Sébastien le Prêtre de Vauban, 1633-1707, war "der berühmteste Kriegsbaumeister seiner Zeit; er hat 33 feste Plätze neu erbaut und 300 alte verbessert, hat 53 Belagerungen geleitet, 140 Gefechten beigewohnt, aber nie Gelegenheit gehabt, eine Festung zu verteidigen." (Brockhaus von 1895) (A.d.R.)

Feldes die Persönlichkeit des Feindes zu zersetzen, weil man so das "Gemetzel" umgeht.
So dringen die Prothesen des Verstehens in den leichtfertig geleerten Raum zwischen Subjekt und wahrgenommener Welt; das (Sich-)Bewegen wird zum Bewegten, schließlich wird auch das Wollen zum Bewegten verfremdet.
Wenn die Umschließungsstruktur der Masse der Ausgeschlossenen ein neues topologisches Universum zuweist, innerhalb dessen die Bewegungsabläufe von einer Elite gebieterisch festgelegt sind, so betrifft diese örtliche Kolonisierung der menschlichen Zeit und des menschlichen Raums dank ihrer Dynamik bald die gesamte soziale Organisation in Europa (man nehme als Beispiel die zivilen Arbeiten Vaubans).
Das liegt daran, daß die von den konstruierten Strukturen erzeugte Macht jeden Bezug zu den gewöhnlichen menschlichen Fähigkeiten und Kräften, zur einfachen Lebensdauer verloren hat. Die Geburt des Staates liegt daher ganz präzise in der Aufrichtung seines nackten Seins (5), d.h. in der Errichtung seines künstlichen Feldes im Schoß des gesellschaftlichen Feldes. Der Staat ist es, der von Anfang an gesellschaftliche Künstlichkeit und Natürlichkeit schafft und gegeneinandersetzt, daher ist der Staat immer der Hof, die Stadt. Aus diesem Grunde ist er ahistorisch und legalistisch (im Namen der Geschichte den Staat erobern wollen, heißt, in dieses "Sein" und aus der Geschichte zu fallen).

Die zwei Seiten dieser "Gesetze" des Staates zeigt uns Montaigne in aller Deutlichkeit. Zunächst ihre Irrationalität: "Wogendes Meer der Meinungen eines Volkes oder eines Fürsten... fortwährender

Anfechtung ausgesetzt.... von Bräuchen diktiert, die unterschiedslos alles mögliche übernehmen...", sodann beschreibt er, wie sie durch Furcht Gehorsam erwirken, vor allem durch die Furcht, die "Freiheit zu kommen und zu gehen", die Freiheit sich zu bewegen zu verlieren.

Es gibt die gesetzliche Verfügung (discursus), die vom Spiel der Ereignisse, von inneren Kriegen, Kolonisation, Merkantilismus, vom Ruin der anderen Kulturen, die sie überschaut, diktiert wird, und es gibt ihr beständiges und sehr konkretes Jenseits, das Universum der Hinderung, der hohen Mauern, der Kerker, Gitter, Ketten, Käfige und Verliese usw.

Direkt oder indirekt widersetzen sich die Gesetze stets der Bewegungsfreiheit, weil sie nicht nur ihre Eigenbewegung haben, sondern weil sie gleichzeitig Projektionen, Abwürfe einer in Bewegung befindlichen Maschine sind. Als solche setzen sie den Bewegungen der Personen das Bewegte entgegen.

Das Bewegte ist das konstruierte Wesen der Macht über den anderen, seine letzte Konsequenz das Unbewegte - die Todesstrafe. Der Aufstieg des Staates ist nichts als die Durchsetzung seines Seins (étant) gegen alles Existierende, die Errichtung seines Feldes der Strategeme, eines künstlich geschaffenen, zwischen den Polen des (Sich-)Bewegens und des Bewegten liegenden Feldes. Eines Feldes, das heute mehr umfaßt als bloß Armee, Verwaltung, Polizei, Erziehung, nämlich die gesamte Weltzivilisation.

So endet der abendländische discursus; zwanzig Jahre nach der Pseudo-Zivilisation der Bewegung sehen wir ein erstarrtes Universum der schweigenden Mehrheiten, in dem - dank einiger Raum-

und Zeittäuschungen - auch der Tourismus wieder daheim angekommen ist: auf Disney-Land folgt Disney-World, das kleine Land der Kinder wird zum infantilen Universum für Erwachsene (ein technisch perfektes Unternehmen, das beispielsweise von der NATO zitiert wird). Immer noch wird das Feld der Strategeme durch eine Umschließung geschaffen, ist der Fluchtraum in Wirklichkeit eine Falle, in der das Spiel zum richtigen Verhalten erzieht.
Die großen Feiern '68 in Peking stellten wirklich eine Mao-World dar. Sie gingen unwiderruflich zuende, als die Armee sämtliche als Touristen angereisten Roten Garden wieder auf ihre Züge und Lastwagen packte und sie in der "Weite" des chinesischen Landes verschwanden. Die japanische Linke zieht in keinen revolutionären Kampf mehr ohne ihre Kameras und ihre Tonbänder - die einzige, lächerliche Art und Weise, irgendwo noch die Schauplätze von Aktionen und Schlachten festzuhalten, an denen man künftig kaum mehr real auftauchen wird.
In den USA mehren sich die städtischen Verordnungen: das Anti-Bummel-Gesetz (Cincinatti), Verbot sich auf Grünplätzen zu versammeln (Plainfield), Verbot sich auf den Bürgersteig zu setzen (Boulder) usw. Der einzelne Spaziergänger wird vom amerikanischen Polizisten im Namen der Stadt-Sicherheit an die Wand gequetscht - im Namen derselben Sicherheit, deretwegen der Autofahrer immer langsamer fahren muß, will er sich kein Strafmandat einhandeln.
Durch die monatlich und bald täglich sich mehrenden Anlässe für Strafmandate nähert sich das alltägliche und normale Universum des europäischen Straßenverkehrs mit seinen Radarfallen, Kontrol-

len, Mikrophonen und seiner Spionage dem anormalen Universum einer stalinistischen Diktatur mit ihren beständigen Zwangsräumen wie etwa dem großen Ring um Berlin, oder der Apartheid-Zone in Südafrika (Kontrolle der schwarzen Bevölkerung alle 10 km, Kontrolle der öffentlichen Bänke, Transportmittel usw.).
Wenn gleichwohl die Gesetze, der discursus, noch übertreten werden, so darum, weil sich (vor allem in den Vereinigten Staaten) das konstruierte Feld der Zwänge weiter vergrößert als Widerstand der Strukturen gegen die technische Entwicklung; so wie die Umschließungsstruktur wächst, so wächst auch die Struktur des Straßenverkehrs parallel zur Entwicklung der Auto-Maschine, die sie "angreift", und umgekehrt. Was sich als Spiel ausgibt (Service-Stationen, Verkehrsfunk, Verkehrserziehung für die Kleinen usw.) führt letztlich zum szenischen Höhepunkt, dem normalisierten Gemetzel. "Den Gesetzen zu gehorchen ist keine klare Sache", sagte Saint-Juste. Wenn die zur Bildung des künstlichen Feldes nötige Umschließung materiell ist, so ist der Inhalt des Zwangsbereiches psychologisch. Die nationalistischen Kriege des 19. Jahrhunderts und zu Beginn des 20. Jahrhunderts in Europa zeigen das Ausmaß, das diese selbstgenügsamen Totalitäten eingenommen haben; vor allem dank der Ausdehnung des Begriffes der Front-Mauer und der "nationalen Befestigungen" (vgl. die Abhandlung von Brialmont: Etudes sur la défense des Etats et sur la fortification, Paris 1863), die zu kontinentalen (die Festung Europa des Dritten REICHS) und schließlich zu globalen werden - man denke an neue Probleme wie das der Ausstrahlung von Welt-Fernsehprogrammen, die die psychologischen Umschließungen der kontinentalen Blöcke sprengen würden

(auffallend die ängstliche Zurückhaltung der Russen, ein Zeichen für das Absterben der Ideologien, angesichts der weltweiten Präsenz der Amerikaner).

Aber nehmen wir das uns näher liegende Beispiel des Gaullismus. Da sehen wir zum einen, wie eine begrenzte und schützende Struktur im Schoß Europas, das Sechseck, errichtet wird, sodann wie die Normalisierung der Ausnahmezustände eine Flut von Gesetzen auslöst und endlich wie man ein Verhalten für die 95% erfindet, "die bereit sind, einem bestimmten Einfluß zu folgen" - dank der zwingenden Wirkung des Feldes kann man die Opposition gleich dazuschlagen.
Im psychologischen Arsenal des Bewegten hat de Gaulle ein Phänomen schlichten und einfachen Zwangs dargestellt: so wie man automatisch den Briefträger vor sich sieht, wenn man ein Geräusch am Briefkasten hört, so war automatisch ganz Frankreich einverstanden, als es auf dem kleinen Bildschirm den Mann des 18. Juni erblickte; als erfahrener militärischer Führer wußte de Gaulle bestens mit seiner Art von Macht umzugehen, und vor dem schwarzen Hintergrund der drohenden Krise, des Attentats setzt er, um einen nationalen Zusammenhang zu erzielen, auf die nationale Isolation. Ohne diesen Bezug zu einer künstlichen Abschließung, die der Staat zehn Jahre zuvor geschaffen hatte, läßt sich der Mai 68 nicht verstehen. Anders als die Technik des totalen Friedens, die die Struktur auf- und die Ferne abwertet, war der Mai eine Verschwendung, abseits der Struktur, und ein Ausbrechen in die Ferne... Ein Bruch, eine "Jugendtorheit", ein "verfrühter Wahnsinn" wie der Frühling? Die Ereignisse des Mai 68 haben ihren eigenen Raum. Wenn dieser Raum auch nie präzise be-

stimmt worden ist, besaß er doch seine festen Punkte - weniger als imaginärer denn als kritischer Raum.
Man hat schon viel über die Ursachen und die politischen Perspektiven der "Bewegung" herumgestritten, aber man hat wenig Aufmerksamkeit auf das eigentliche Geschehen gerichtet: Demonstration, Barrikade und vor allem Hausbesetzung.
Wieder einmal hat man das Ereignis von seiner Lokalisierung, von seinen Mitteln und seinen Materialien trennen wollen. Die Liste der Verwüstungen, die von der Polizei aufgestellt wurde, ist jedoch viel interessanter als sämtliche Analysen. Der Bulldozer, der die Reste wegräumte, die Lastwagen, die am Tag nach den Zusammenstößen die Trümmer abfuhren, transportierten einen Schatz von Bedeutungen, von dem die zahlreichen Zuschauer dieser Szenen wohl eine Ahnung hatten.

Entgegen den Behauptungen der herrschenden Macht ist die Gewalt nie wirklich aggressiv gewesen, sondern vielmehr transgressiv. Die Konkretisierung der Kritik ist wie eine Überschwemmung über die gesellschaftliche Realität hinweggegangen. Dadurch, daß der übliche Gebrauch bestimmter Orte (Fakultäten, Theater, Kirche, Fabriken, Verwaltungen usw.) überschritten wurde, ist in ihre Umwelt die Kritik einmal eingedrungen. Zwei Wochen lang war die Glaubwürdigkeit des Staates erschüttert, war die urbane Struktur durchsichtig, die Stadt irreal.

Innerhalb einer ins System gezwängten, völlig verkalkten Gesellschaft hat die Dynamik der Überschreitung eine ungeheure Wirkung gehabt. Die Massen, die großenteils der nackten Gewalt feindlich gegenüberstanden, aber von den Massenmedi-

en aufgerüttelt einer Veränderung harrten, fühlten sich unvermeidlich von etwas angezogen, was ihnen als der friedliche Tod der alten Machtformen erschien.
Im System der Stadt wäre also der kritische Raum, was die Protestbewegung im politischen System darstellt, und wenn man zu recht von der "Befreiung des Wortes" gesprochen hat, so muß man auch diese "Befreiung des Wohnens" aufzeigen.
Was im Phänomen der Hausbesetzungen oder in dem der Besetzung von Städten durch die ortsansässigen Bevölkerungsgruppen latent enthalten liegt, nämlich die Dekolonisierung, hat sich zuerst im Zentrum einer großen europäischen Hauptstadt entwickelt, sodann auf das gesamte Staatsgebiet ausgedehnt.

Wohnen ist zu einem offensiven, revolutionären Akt geworden, man überschreitet die Funktionen der Gebäude, wohnt im Ungewohnten. Die Raumerweiterung der revolutionären Bewegung hat schlagartig Fassaden und Trennwände durchsichtig werden lassen. Vor diesem Hintergrund muß man auch die Graffiti lesen, die häufig mehr durch ihre Plazierung als durch ihren Inhalt enthüllen: die Anarchisten wählen gewöhnlich Türen, die Marxisten Mauern, die Situationisten Schaufenster oder Bilder (Plakate, Malereien usw.).
Die Barrikade selber war weniger eine Obstruktion, eine Sperre, die der Verteidigung diente, als eine Konstruktion, um ein neues Gebiet einzugrenzen: als die Dynamik der Demonstration erlahmt, stockt die Masse, tritt sie auf der Stelle und beginnt ihren Platz abzustecken - die Wiederkehr einer Stadt in der Stadt. Im Schema der Stadt nistet parasitenhaft ein entgegengesetztes Schema (die Kreuzung am Platz Edmond-Rostand ist regelrecht bewohnt worden).

Das Gleiche suchte auf andere Weise und zur gleichen Zeit die Non-Violence-Bewegung in den Vereinigten Staaten mit "Resurrection City" zu verwirklichen: nicht bloß die politische Aktivität durch eine Gegenmacht (Black Power) zu verdoppeln, sondern kritische Räume im Gewebe der amerikanischen Städte zu öffnen.

Auch in der Wahl der Materialien, die von den Demonstranten benutzt werden, drückt sich eine spontane Kritik aus: instinktiv zielt man auf das Arsenal des Bewegten. Die Zerstörung von Autos, Straßenschildern und Verkehrszeichen beruht nicht allein auf deren Verwundbarkeit. Sie enthüllt auch einen dumpfen Widerstand gegen die permanenten Polizeikontrollen, gegen die unsinnige Beschränkung der Bewegungsfreiheit (wie etwa die Ketten am Straßenrand).

Tatsächlich hat man überall die Raumaufteilung einer bestimmten Form von Städteplanung in Frage gestellt. Ihre jeweiligen Einschränkungen wurden durch die Wiedereroberung der Straße gegen den Autostrom, durch den Gebrauch von Gebäuden, die im Namen des Funktionalismus für unbewohnbar erklärt worden waren, aufgehoben. Man muß eine solche Funktionsüberschreitung erlebt haben, um zu begreifen, bis zu welchem Punkt die gegenwärtigen Wohnverhältnisse die Beziehungen des Menschen zu seiner Umwelt, zur individuellen wie zur kollektiven, sterilisieren.

Im Mai 68 barg jedes der besetzten Gebäude ein eigentümliches Leben, das weniger vom Charakter seiner Besetzer als von ihren Konflikten mit einem vollkommen zufälligen Raum herrührte.

Die Universität Censier glich in nichts der medizinischen Fakultät oder der Ecole des Beaux-Art, und der eigentümliche Charakter des Odéon be-

stand in Raumbildungen, die sich wie um einen zentralen Brunnen herum auffächerten und ununterbrochen genutzt wurden.
In einem Vorlesungssaal zu schlafen (Sorbonne), einer Loge zu essen (Odéon), einem Direktionsbüro zu kochen, eine Bibliothek zum Kindergarten und eine Montagehalle zum Spielzimmer zu machen (Renault), sich mitten auf die Straße oder auf die Schienen zu setzen usw. - all diese Akte kündigen etwas an: indem sie den strengen Gebrauch der Orte außer Kraft setzen, beleuchten sie die Grenzen des Rechts und weisen auf das Verschwinden einer Lebensweise.
Mit seinen Bahnhöfen, seinen Flugplätzen, seinen Großkaufhäusern, seinen Gymnasien und seinen Unternehmen hat Frankreich sich seine eigene Besatzung geschaffen und seiner Bestimmung als Wohnort zuwidergehandelt.
Das erstaunliche Phänomen, das schlagartig die Straßen leerte und die öffentlichen Bauten füllte, hat alle abgekapselten Kammern unserer Gesellschaft in die Luft gejagt. Es hat die in den alltäglichsten Gewohnheiten versteckte Entfremdung aufgezeigt. Indem sie eine Zeitlang die Verbote vergaß und das Unbewohnbare bewohnte, hat die Bevölkerung einen ersten Ehebruch gegen die räumliche Einpassung begangen, die sie einsperrt und isoliert.

All das erklärt die heftige Pressekampagne gegen den "Vandalismus der Unterwelt" und die Gesundheitstiraden der Macht, die die Gestalt eines Volks-Gesundheitsausschusses annimmt, weil die Massen draußen geschlafen haben, weil sie das Anti-Weekend erfunden haben.
Die Industriegesellschaft, auf deren Konto die Stadt-Ballung und die Zerstörung von natürlicher

Umwelt und Agrarräumen geht, schien die Mikro-Ballung in Form neuer Kulturstätten und innerstädtischer Campings nicht zu schätzen.
Da dieser Zustand, wäre er bestehen geblieben, die Regierung aller Manövrierfähigkeit beraubt hätte, mußte man schleunigst die Fluchtbewegung der Massen wieder nach außen lenken und ihre Flucht nach innen stoppen - daher die Rückkehr des Heiligen Geistes zu Pfingsten und die Zwangsräumung der wichtigsten besetzten Gebäude vor den Wahlen.
Obgleich die klassische politische oder auch akademische Interpretation dies verstellte, begann damit der Krieg um die kritischen Räume.
Nehmen wir das Beispiel Caen: am 29. Mai '68 sperrt die Stadt ihre Zufahrtsstraßen und isoliert sich. Diesmal handelt es sich nicht mehr um die Autonomie eines Gebäudes, sondern die einer ganzen Stadt; der kritische Raum hat sich weiter ausgedehnt. Belagerungszustand? Nein, ebenso wie die Pariser Barrikade ist die Sperrung von Caen durch seine Einwohner keine regressive, sondern eine transgressive Tat. Es geht darum, parasitenhaft die Verankerung der Stadt in der nationalen Struktur zu nutzen, um eine neue Art von Kontakt mit dem ländlichen Umfeld zu schaffen.
Dank der Verlangsamung der Stadtdynamik als Folge des Gereralstreiks ist fast überall in Frankreich ein erstaunlicher Prozeß der gegenseitigen Durchdringung zweier Bevölkerungen in Gang gekommen. Durch die spontan organisierte Lebensmittelversorgung, durch die Bauerndemonstrationen innerhalb der Städte (in Nantes bestreuen die Landarbeiter die Straßen mit Heu und Stroh; in anderen Städten begleiten Herden die Demonstranten...). Ein neues gesellschaftliches Experimentieren hat sich abgezeichnet, an dem sich ablesen läßt, wie weit die revolutionären Aus-

läufer der Mai-Bewegung gedrungen sind.
Nach zwanzig Jahren Untertanengehorsam sah de Gaulle jäh die magische Wirkung seiner Fernsehauftritte schwinden. Machtlos stand er vor seinen vertrauten Subjekten und fürchtete in quasi mittelalterlicher Weise, sie könnten Rache an seiner Person nehmen. Erst der Geheimbesuch bei General Massu wird ihn beruhigen - die zivile Unruhe ließ sich nötigenfalls mit direkten Mitteln bewältigen, der Henker von Algier könnte der von Paris werden, die große Struktur des Militärstaates war bereit - und seit der Einnahme des Odéon (6) entschlossen - sich zu zeigen, weil die "Bewegung" hier sich eines Ortes ausserhalb der funktional bestimmten Bereiche bemächtigt hatte. Da nämlich begann die Subversion, die sich nicht bloß gegen die (politische, soziale usw.) Institution richtete, sondern auf das Terrain selber, auf eine Weise der Aneignung des Raumes und der Zeit zielte.
Die Forderung nach Unabhängigkeit einer Region oder einer Insel im Innern einer Nation (Bretagne, Flandern, Baskenland, Irland usw.) und auf höherer Stufe der Wunsch nach Emanzipation (die Weigerung Norwegens, der Europäischen Gemeinschaft beizutreten), all das ist letztlich ein und dieselbe Äußerung - nicht ein Rückfall in Stammes-,Regional- oder Nationalarchaismen, nicht eine Ablehnung breiterer Gemeinschaften, sondern die absolute Kritik einer Gesamtheit, einer Totalität - "diese Welle des Protestes, die sich von ihrem Gegenstand gelöst hat und die ich nicht verstehe...",wie Malraux im Juni '68 erklärte.
Beobachtet man die Schwemme von Gesetzen, so wird man gewahr, daß sie die Institutionen, für die sie gelten, dem unmittelbaren Anschein entgegen nicht verewigen, sondern auflösen. So ist schon die Monarchie

zusammengebrochen, als sie konstitutionelle wurde; man erinnert sich des Wortes von Thiers: "Der König herrscht, aber er regiert nicht." Die demokratischen Institutionen werden die Errichtung der totalitären Umschließung im Weltmaßstab nicht überleben. Schon gleichen die zusammenbrechenden demokratischen Institutionen der konstitutionellen Monarchie: "sie verhindern, daß der Thron leer steht."

Filmschauspieler und Music-Hall-Stars können massenhaft in den amerikanischen Wahlkampf einsteigen und die politische "Szene" bevölkern und verkörpern, wie zur Zeit des New Deal, als sie dazu beigetragen haben, die soziale Szene zu normalisieren. Die Klammer der Spielwelt schließt sich. Die Verwaltung der Angst teilt immer noch mit vollen Händen Freiheiten aus, die unantastbaren Freiheiten, die "ihre" Opposition von ihr verlangt, Freiheiten ohne Maß (7). "Die Freiheit wählen" - das hieß vor zwanzig Jahren noch eine Kluft zwischen Ost und West oder umgekehrt überspringen. Mit der Festigung des weltweiten Status quo heißt die Freiheit zu wählen nur noch eine Kluft nach nirgendwo zu überspringen.
Die Situation der Armen oder der Arbeitslosen (je nach Ideologie), die keinen Zugang zu den Wolkenkratzern von Brasilia oder Warschau haben, unterscheidet sich kaum von der jener Hunderte von Unglücklichen, die während der Belagerung in den Gräben zwischen den Mauern der Burg von Andelys (1419) vor Hunger und Kälte starben, ... denn die Ausgänge um sie herum sind versperrt, der Raum unbelebbar, unbrauchbar gemacht, die erhöhten Punkte sind ihnen genauso untersagt wie ihr "natürliches Milieu"; sie sind alle im Netz, den Gesetzen einer Geometrie unterworfen.
Die Beziehung von Aggressivität und Schutz ist nicht

das Ergebnis der Konkurrenzgesellschaft, sie ist das Ergebnis von Gesellschaften, die mittels ihrer Baustrukturen die Beziehung von Angreifer-Angegriffenen bis tief in ihre Organisationen übertragen, der sie so von innen durch diese unsagbare Konstruktion des sozialen Raums, der seine Bewohner bestimmt, einen ständigen Druck auferlegen und die das Gesellschaftliche umstülpen wie einen Handschuh.

Ein Freund kritisierte kürzlich meinen Gebrauch des Wortes "Citoyen" in einem Text, indem er sagte: "Du sprichst nicht vom Proletarier usw.". Ich antwortete ihm, das, was mich interessiere, sei nicht die Klassenproblematik, sondern gerade die Fühlbarkeit (tangibilité) der Gesetze und Statuten, also das, was den Citoyen, d.h. den Bewohner der Cité, den Stadtbürger, bestimme. Im Fall der reichen Hindu-Mittelklassen, die von den afrikanischen Militärregierungen ausgestoßen und von Großbritannien zurückgewiesen werden, tritt die Klassenproblematik hinter die Fühlbarkeit der Gesetze zurück: in diesem Falle der der britischen Staatsbürgerschaft. Denn wenn man im Zuge des totalen Krieges in den Lagern (die Orte des Verschwindens sind und nicht nur der Inhaftierung und Einsperrung) die Radikalisierung der Frage der Juden, der Staatenlosen, der Deportierten usw. gesehen hat, so wird im totalen Frieden, der das Zoning im Weltmaßstab normalisiert, gerade die Eigenschaft, Bewohner zu sein, wird seine Realität beständig in Frage gestellt, so daß der Begriff der Klasse hinter Kategorien der Besetzung des Raumes (8) zurücktritt. Eben um diese Fühlbarkeit dreht es sich bei den großen Deportationen zur Arbeit (der Norden und der Süden Italiens, der extremarbeitende Norden und die Operation Fos-sur-Mer in Frankreich(9)...) oder zu Freizeit und Tourismus (beispielsweise die Umwandlung

strategischer Transportflugzeuge aus dem Vietnam-Krieg, der "Supplementals", in Chartermaschinen auf der Nordatlantikroute).
Sämtliche menschlichen Bewegungen der Zeit und des Raums zu kontrollieren - darin besteht heute die Verteidigung und das logische Resultat der Ausdehnung der vom Armee-Staat errichteten Umschliessung, und in dieser Perspektive muß man das NATO-Projekt zur Welt-Verkehrsplanung sehen (10).

Seit langem hat die kapitalistische Welt ihren "Jet-Set" und ihre vereinheitlichten Geldmassen (den Euro-Dollar zum Beispiel) aus der Zeit und dem Raum der Menschen herausgezogen, um sie nach Belieben wie Bomben auf die nationalen Wirtschaften niedergehen zu lassen. Seit kurzem nun haben auch das Unglück und das Verbrechen ihren "Jet-Set", Landvertriebene, Flüchtlinge der Dritten Welt, Bewohner der prekären Zwischenräume des TOTALEN FRIEDENS, der Durchgangsorte und der Flughäfen, ausgestattet mit regulären Pässen für nirgendwo. Die überstürzten Auswirkungen dieser Dinge treiben den Armee-Staat zu "Routine-Operationen" wie der, die am 5. Oktober letzten Jahres in Orly stattfand: zehn Stunden wurde der gesamte Umkreis von C.R.S. und Polizisten abgesperrt und durchgekämmt, zehntausend Personen (vom Flugkapitän bis zur Reinmachefrau) und über viertausend Fahrzeuge wurden kontrolliert.
Das Ausmaß der Operation erinnert düster an andere Razzien (etwa die von Vel d'Hiv unter der Nazi-Besetzung), aber auch hier macht die unsagbare Technik des Totalen Friedens den Ausnahmezustand zum Alltagsereignis, dem niemand nachzuforschen wünscht.

Anmerkungen:

(1) "Cause commune", Nr. 3, éd. 10/18

(2) Der Seßhafte überlebt, wo der Verpflanzte zugrundegeht.

(3) Damit verschwindet das "château à motte" der Franken, damit verschwinden die leichten und provisorischen Baustoffe wie Holz, Erdwälle usw.

(4) Discurere, das "Hin- und-Her-laufen"

(5) Das "Being", vgl. L'état Suicidaire, in: La Cause commune, Nr.3

(6) siehe das Buch von M. Dansette, Mai 68

(7) Die zur Abtreibung beispielsweise.

(8) Die Begriffe des "Territoriums" und der "Nationalität" verschwinden hinter denen des "Marktes" und der "Planer".

(9) vgl. dazu Solange Fernex in: C. Leggewie/R. de Miller (Hg.), Der Wahlfisch. Ökologie-Bewegungen in Frankreich, Berlin 1978 (A.d.R.)

(10) Hier liegt auch die Bedeutung des Plans "Clément ment-Marot" oder der Organisation von "Eurocontrol" für den Luftverkehr.

METEMPSYCHOSE DES PASSAGIERS

"Wenn du keine Frau hast,
geh in den Busch,
folge einer Stute
und mach sie zu deiner Frau."

(Sprichwort der Dogon)

Der Mann ist der Passagier der Frau, nicht nur bei seiner Geburt, sondern auch in den sexuellen Beziehungen. Von daher das Verbot des Inzests als eines Teufelskreises oder vielmehr einer Teufelsreise. In freier Wiedergabe eines Satzes von Samuel Butler könnte man sagen, daß das Weibchen das Mittel ist, welches das Männchen gefunden hat, um sich zu reproduzieren, das heißt, um auf die Welt zu kommen. In diesem Sinne ist die Frau das erste Transportmittel der Gattung, ihr erstes Fahrzeug. Das zweite wäre das Reittier, die rätselhafte Koppelung ungleicher Körper, die zur gemeinsamen Reise oder Wanderung gepaart werden. Die metabolischen Fahrzeuge, ob Last-, Reit- oder Zugtiere, könnten somit als die exemplarischen Resultate einer verachteten Zoophilie gelten, die mit der Verwerfung der tierischen Rohheit vergessen worden ist. In den Ursprüngen der Zähmung kommt die Frau noch vor dem gezüchteten und gepflegten Tier. Sie ist die erste Form von Ökonomie, in der sich noch vor der Sklavenhaltung und vor der Tierzucht die Bewegung abzeichnet, die zu den Hirtengesellschaften, zu patriarchalischen, über die ursprünglichen Jagdzüge hinaus auf den Krieg ausgerichteten Gesellschaften führen wird. Tatsächlich zeichnet sich der spätere Krieg mit dem Ende der

letzten blutigen Gemetzel ab. Von der Jagd auf das Tier um des puren Überlebens willen geht man zur Jagd auf die Frau über, später zur Jagd auf den Mann. Aber diese Jagd ist schon kein Abschlachten, kein Töten mehr, sondern ein Einfangen, das Einfangen eines Bestandes an Weibchen - Schluß ist mit der Energieverschwendung, was das weibliche Geschlecht angeht, während die Männer weiterhin getötet und verzehrt werden, praktisch bis zur Ackerbaustufe, auf der die Sklaverei offizielle Einrichtung wird dank der Gefangennahme von Männern, von Gefangenen.
Es ist sinnvoll, sich diese Übertragung der Gewalt anzusehen, denn so wie der Krieg aus Konflikten zwischen Mitgliedern derselben Gattung und nicht aus Zusammenstößen mit dem Tiervolk hervorgegangen ist, so vollzieht sich auch seine Weiterentwicklung und -verfeinerung an Hand interner Kämpfe und nicht solcher gegen Fremde.
Das Partriarchat taucht auf mit dem Einfangen von Frauen, installiert und perfektioniert sich dann dank der Viehzucht. In dieser Ökonomie der Gewalt, die der Hirtenstufe entspricht, geht die "belle" der "bête" voran - die Errichtung des herrschenden Sexes wird von der Koexistenz zweier Bestände gefördert. Kommen wir aber auf die Metamorphosen des Jägers zurück, so zeigt sich die Zähmung als Abschluß und Perfektionierung des Raubes. Das Blutvergießen, die sofortige Tötung stehen im Gegensatz zum unbegrenzten Gebrauch der Gewalt, das heißt zu ihrer Ökonomie. Wir sehen, wie vom direkten Zusammenstoß, der mit einem frühzeitigen Gemetzel endete, eine Evolution zunächst zur einfachen Kontrolle der Jäger über bestimmte ausgewählte Arten, dann mit Hilfe des Hundes, dem ersten "Haustier", zur Hütung halb-

wilder Herden und schließlich zur Züchtung, Vermehrung und Dressur führt. Die Zähmung des Weiberviehs kommt in diesem Prozeß noch weit vor der des Tragetiers. Die Frau dient als Lasttier; wie die Herde geht sie auf die Felder, um unter Kontrolle und Überwachung des Mannes zu arbeiten. Auf den Wanderungen, bei Zusammenstößen trägt sie das Gepäck; lange vor dem Gebrauch des Hausesels ist sie das einzige "Transportmittel". So gestattet die Frau, indem sie das Tragen besorgt, dem bedürftigen Jäger sich auf das homosexuelle Duell zu spezialisieren, das heißt ein Männerjäger, ein Krieger zu werden.
Die erste Freiheit ist die Bewegungsfreiheit, die die Last-Frau dem Jagd-Mann verschafft, aber diese Freiheit ist keine "Freizeit", sondern eine Fähigkeit zur Bewegung, die zu einer Fähigkeit zum Krieg, jenseits der primitiven Jagden wird. Als erste logistische Stütze trägt das gezähmte Weibchen den Krieg, indem sie dem Jäger die Sorge um seinen Unterhalt abnimmt. Genau wie der Eindringling das Gebiet, in das er eingedrungen ist und das er erobert hat, so einrichtet, daß es die Lenkbarkeit seiner Kräfte und Bewegungen fördert, so wird aus der geheirateten und gefangenen Frau umgehend ein Transportmittel gemacht. Ihr Rücken, ihre Hüften werden zum Modell der Reiseausrüstungen, die gesamte Auto-Mobilität wird von dieser Infrastruktur ausgehen, von diesem getätschelten und geschlagenen Hinterteil*, alle Wünsche nach Eroberung und Eindringen finden sich in dieser zahmen Reisemaschine wieder. Die Last-Frau, die

*Im französischen Texte steht "croupe", was sowohl "Kruppe", also Pferderücken, als auch "(Frauen-)Hintern" bedeuten kann (Anm.d.Ü.)

"Ziminé"-Logo, Frau und Kind.
(Samml. Musée de l'Homme)

trächtig ist, trägt und weiterträgt, schenkt dem Kriegs-Mann Zeit, manchmal gute Zeit, vor allem aber befreite Zeit.
So gesehen wird die heterosexuelle Gruppe weit furchtbarer sein im mörderischen Kampf als die homosexuelle, und auch für das Aufkommen des Patriarchats wird die rein logistische Dimension des schwachen Geschlechts wesentlich sein. Noch vor der Fortpflanzung und den sexuellen Sitten stellt sich die Verbindung der Geschlechter als eine echte "Subsistenzweise" heraus. Solange das Nomadentum anhält, fällt das Überleben mit der Verfolgung der Beute, der Weideplätze oder des Feindes zusammen. Die Subsistenz der Gruppe gründet in ihren Fähigkeiten, sich der Bewegung anzupassen, ihre "feste Burg" besteht ganz allein im "Zeitgewinn" gegenüber dem Wild oder dem Gegner - noch nicht im "Hindernis" des seßhaften Ackerbauern, sondern im Lauf und seinen Mitteln: der Last-Frau, der Stute, später kommen Fahrgeräte. Indem sie ihm sowohl Zeit als auch ihren Rücken bietet, wird die Frau "die Zukunft des Mannes" (1), sein Geschick und sein Ziel. Dank diesem ersten Viehbestand wird der Jäger-Viehzüchter das besitzen, was man in militärischen Begriffen eine "hohe Stoßkraft" nennt, und das wird ihm gestatten, die Auseinandersetzungen länger dauern zu lassen, und er wird nicht mehr zum augenblicklichen Verzehr an Ort und Stelle genötigt sein.
Die bis dahin durch die geringe Beweglichkeit der Gruppen begrenzten Konflikte können also an Ausdehnung gewinnen, weil die Frau dem Krieger die Wurfgeschosse trägt, weil sie seine Habe verwaltet. Mit dem Aufkommen von Reittieren wird der Krieg noch länger dauern und sich über weitere Flächen erstrecken, einfach weil Ausdauer und Geschwin-

digkeit der Reittiere denen des metabolischen menschlichen Fahrzeugs überlegen sind.
Nehmen wir das Beispiel der Maya: vor der Ankunft der Spanier sind die Kriege im Yucatan stets von kurzer Dauer, denn auf diesem Kontinent sind die Frauen noch die einzigen Transportvektoren... Bei der Eroberung durch eine lächerliche Kohorte von berittenen Eindringlingen nun kommt es zu einem Debakel sondergleichen, das weder durch die Metallwaffen noch durch die Mentalität der Eingeborenen erklärbar ist. Es ist der Zeit- und Geschwindigkeitsvorsprung der Eroberer, der die Auslöschung einer Zivilisation durch eine Handvoll Berittener möglich macht. Die Einführung des Pferdes auf dem amerikanischen Kontinent ist der wahrscheinliche Grund für die Ausrottung eines Volkes und einer Kultur, die den Eroberern zwar am selben Ort, aber in einer anderen Zeiteinheit entgegentraten; die Spanier besaßen jene "dromokratische" Überlegenheit, die stets die demographische Unterlegenheit wettmacht.
Kurz, die Frau war der Ursprung der ersten Verlängerung des Kampfes, der ersten "Revolution des Transportwesens", die dem Jäger erlaubte, sich auf die Obszönität des narzißtischen und homosexuellen Duells zu spezialisieren, das unendlich schrecklicher ist als der Kampf mit räuberischen Bestien, weil es einen ständigen Wechsel sowohl von Taktiken als auch von Strategien verlangt. Einmal gezähmt, ermöglichte das schwache Geschlecht die Erfindung des Feindes, der weit mehr ist als ein Beutetier, und diese Ausdehnung des Angriffs schreitet fort mit dem Lasttier, mit der Erfindung des Reitgeschirrs, der Reiterei, dem Wagenfahren und seinen infrastrukturellen Zwängen, die in Mesopotamien zur Erfindung der Straße führen und

anderswo später zum Eisenbahnnetz... Doch das ist eine andere Geschichte, die der Revolution des technologischen und nicht mehr bloß des metabolischen Transportwesens. Wir haben gesehen, wie im 19. Jahrhundert der Mensch vom Pferd absteigt und in die Eisenbahn einsteigt, und das zur gleichen Zeit, als er seinen "Abstieg", seine seltsame Abkunft von einem affenähnlichen Anthropoiden entdeckt... Ich möchte den umgekehrten Weg gehen und herausfinden wie der Mensch (bzw. der Mann, s.o., Anm.d.Ü.) von den Armen, vom Rücken der Frau herab- und aufs Reittier aufgestiegen ist.

Aufbrechen heißt sich fortbegeben, vom Quai ablegen, aus dem Hafen auslaufen, losfahren, heißt aber auch mit seiner Ruhe brechen, auf die Gewalt der Geschwindigkeit abfahren, jene unvermutete Gewalt, die das Fahrzeug erzeugt, jene Schnelligkeit, die uns so jäh von den durchquerten Orten losreißt und der wir uns im allgemeinen Verkehr hingeben.
Jeder Aufbruch ist auch ein Abbruch unseres Kontaktes, unserer direkten Erfahrung; die Bewegung, die das Fahrzeug vermittelt, zerreißt und foltert den Körper, dem seine Eigenbewegung genommen wird - eine sensorische Deprivation des Passagiers. Mitgefahren, mitgefangen - die Gewalt der Fahrt läßt uns keinen anderen Ausweg als weitere Beschleunigung und Verlust des Unmittelbaren. Durch ihre Gewalt wird die Geschwindigkeit gleichzeitig Geschick und Ziel. Wir gehen nirgends hin, wir begnügen uns damit, aufzubrechen und Lebendiges abzubrechen, zugunsten der Leere und der Schnelligkeit.
Das Wort "steigen" zeigt das deutlich: wir stei-

Cow-boy. (Photo René Dazy)

gen aufs Pferd, steigen ins Auto - wir erheben uns, um fortgetragen zu werden, hingerissen von der Prothese, die unsere Beweglichkeit erhöht. Im Zentrum der beschleunigten Fortbewegung stehen Menschenraub und Entführung; die der Gewalt der Geschwindigkeit ausgesetzten Reisenden sind "Zwangsverschleppte", buchstäblich Deportierte... Allerdings scheint diese moderne Auswanderung verkannt zu werden, gilt doch die beschleunigte Fortbewegung als Fortschritt - seltsame Sackgasse der Geschichte der Bewegung... Das Zu-Pferde-Steigen schiene also unabdingbar für das Abheben (die Himmelfahrt) des Passagiers, jenes über den Boden schwebenden Reiters, Unterpfand seiner Schnelligkeit, nachdem er seiner eigenen Motorik beraubt ist. Während es seinem Passagier die ermüdende Bewegung der eigenen Glieder erspart, tritt das Reittier durch seinen Sattel in die Nähe eines Sessels, der sich bewegt, der mobil ist, zu einem Möbel, einem hippomobilen Möbel, das den Körper nicht bloß im Stillstand oder Ruhezustand trägt wie der Stuhl, sondern auch in der Fortbewegung.
Die Erfindung des Reitens wäre gewissermaßen eine Kriegslist des eigenbeweglichen Körpers: so wie wir mittels der Motilität unsere Glieder auf der Stelle bewegen, um die Nachteile eines zu langen Verweilens in einer Position (Zusammenpressen des Fleisches auf dem Sitz usw.) zu vermeiden, so ersparen wir uns mittels des gesattelten Tiers die Unbequemlichkeit des Fußmarsches und erhöhen listig unsere Bewegungsgeschwindigkeit. Durch Reihen von Verschiebungen und Verlagerungen, von den winzigsten bis zu den weitesten, spielen wir mit den Körpern dieses Versteckspiel namens: Unterstützung, Komfort, Halt, Wohlbefinden... Um weniger von unserem animalischen

Training der rhodesischen Armee. Rhodesien, März 1976.Die aus Europäern und Afrikanern zusammengesetzte rhodesische Armee wird intensiv trainiert. Hier,das tägliche Training der Soldaten eines Artellerieregiments in Salisbury.(Foto Salgado)

Körper zu spüren, bewegen wir uns ohne Unterlaß (Bewegungsdrang), um die Ausdehnung des territorialen Körpers zu vergessen, reisen wir, schnell und heftig.

Diese unablässige Suche nach einem Ideal von Schwerelosigkeit bildet ein Kernstück aller Herrschaftsprobleme. Die von vornehmen Zeitaltern besungene Epiphanie des Pferdes illustriert das überdeutlich: in der Heroisierung des Pferdes ist dieses gleichzeitig Träger des Todes und Hüter des Lebens, doch "ist es nicht darum sein Hüter, weil es zuvor jener Träger war?" wie Fernand Benoit (2) fragt. Dasselbe Thema findet sich wieder beim Träger Christi, bei St. Christophorus, dem Schutzheiligen der Autofahrer. Die Schnelligkeit des Streitrosses schützt den Reiter vor seinen Verfolgern, aber auch vor seiner eigenen Schwäche; das Reittier hilft seinem Passagier über die Schwäche seiner Konstitution, erhöht diese Schwäche aber auch, was erklärt, daß das Pferd und der Vogel (3) gleichzeitig Anzeichen des Todes wie Anzeichen der Macht und der Herrschaft sind: erst muß man eins werden mit der göttlichen Schnelligkeit des Streitrosses, muß man seine Seele in einer unvermittelten Metempsychose verlieren, um zur Herrschaft zu kommen. Wer "aufgestiegen" ist, beherrscht die Untengebliebenen, er überragt sie an Höhe durch seine Erhebung aufs Pferd, aber auch und vor allem durch die motorische Stärke seines Reittiers. Für seine Gegner gibt es kein Entkommen mehr, er wird sie vor sich herjagen, sie in alle Winde zerstreuen. Die Kriegsfunktion des Pferdes ist es, den fliehenden Feind zu zerstreuen, um ihn auszulöschen; der Sturmangriff der Kavallerie zerreißt die Masse der Infanteristen wie die Sprengladung die Masse der

Mauern und Wälle.
Der Unterschied an Geschwindigkeit und Gewalt zwischen denen, die zu Fuß, und denen, die zu Pferd kämpfen, disqualifiziert die ersteren (so wie das Last-Tier die Last-Frau disqualifiziert hatte), solange bis sämtliche metabolischen Fahrzeuge von den neuaufkommenden technologischen Transportmitteln disqualifiziert werden.
Die Gewalt der Geschwindigkeit ist nichts als Auslöschung; der Passagier, der sein Pferd bestiegen hat und von seiner Schnelligkeit fortgetragen wird, ist nur ein reitender Tod (4). Erhoben und fortgetragen - der zu Pferd Gestiegene ist nicht mehr wirklich sein eigener Herr, er ist voll und ganz der Gewalt des Streitrosses ausgeliefert, und so wie "in eine Stellung einfallen" im militärischen Sprachgebrauch bedeutet, daß man sie erobert, indem man sie überrennt, so bedeutet das "In-Galopp-Fallen" für den Reiter, den Boden unter den Füßen zu verlieren und eine rasende Irrfahrt anzutreten.
Die Geschwindigkeit ähnelt dem Alter, dem lauernden Tod, der in der Krankheit umgeht; aufs Tier oder ins Motorfahrzeug zu steigen, heißt sich darauf einzustellen, im Augenblick des Aufbruchs zu sterben, um mit der Ankunft wiedergeboren zu werden (ein kleiner Tod...). Im Warten des Reisenden wird die Geschwindigkeit zu einem vorzeitigen Altern - je schleuniger die Bewegung, umso schneller vergeht die Zeit und umso mehr verliert die Umgebung an Bedeutung. Die Fahrt wird zu einem schlechten Spaß: "Die kürzesten Reisen sind die besten!" sagt man. Wie bei jener letzten Reise, dem Sterben, ist der Reisende nicht mehr von dieser Welt, und wenn die "Bewegungsfreiheit" (habeas corpus) als erste aller Freiheiten

erscheint, so scheinen mit der Befreiung der Geschwindigkeit, der "Geschwindigkeitsfreiheit" (5) alle Freiheiten erreicht. Tatsächlich taucht die Fahrt wie eine Sublimierung der Jagd aus der Geschichte auf; in der Geschwindigkeit verlängern sich die Jagd, die Mobilmachung und die Vernichtung. Die dromokratische Hierarchie der Geschwindigkeit, der vitesse, wiederholt die der noblesse, des Adels: vitesse oblige! könnte man sagen. Fahrgesellschaft, Jagdgesellschaft - die Dromokratie ist nur die heimliche Organisation einer (gesellschaftlichen und politischen) Jagd, bei der die Geschwindigkeit der Profit der Gewalt ist, eine Gesellschaft, in der die Klassen von Reichtum nur Klassen von Geschwindigkeit maskieren.
Eine letzte "Ökonomie der Gewalt", in der die Wanderung der Arten über das Tragen hinaus in der "Revolution des Transportwesens" fortlebt und das Reiten, die Metempsychose der Anfänge sich sowohl im Mythos des Zentauren (6) als in dem des Autofahrers illustriert.
Der Fortschritt der Geschwindigkeit ist nur die Befreiung der Gewalt. Wir haben gesehen, daß Züchtung und Dressur Formen der Ökonomie der Gewalt sind oder, wenn man will, Mittel, sie dauerhaft beziehungsweise grenzenlos zu machen. Die Erhaltung der metabolischen Energie war also kein Ziel, sondern eine Ausrichtung der Gewalt: das Mittel zu ihrer zeitlichen Verlängerung, der technologische Motor, Resultat der langen Suche nach dem perpetuum mobile, wird am Ende diese Gewalt freisetzen. Hier drängen sich nun zwei Fragen auf: Wie hat man das Fahrzeug im Tier erahnt? Wie den Motor in seinem Fleisch?
Wie ist der Primate zu dem Wunsch gekommen, ein Reittier zu besteigen? Welcher Reiz hat da gewirkt?

Dieser Wunsch nach einem fremden, nach einem anderen als dem heterosexuellen Körper scheint mir in mehrfacher Hinsicht ein ganz entscheidendes Ereignis, eine dem Feuer vergleichbare Erfindung zu sein, aber eine Entdeckung, die dem Vergessen anheimgefallen ist, das über der gesamten Animalität liegt.
Von der Zoophobie, wie die ersten Jagdzüge sie anzeigen, die mit dem sofortigen Verzehr des erlegten Tieres endeten, geht man über zur Zoophilie, zum Abrichten des Tieres zu Fahrzeugzwecken...
Wie ist man dazu gekommen, die Notwendigkeiten des Lebensunterhalts zu überschreiten? Wie hat man jenseits der wandelnden Fleischreserve den Motor erahnt? Diesseits der Nahrung das Fortbewegungsmittel?
Um welche Ökonomie, um welche Subsistenzweise handelt es sich bei der kostspieligen Unterhaltung eines großen Renntiers?
Die Domestizierung erscheint als quasi-funktionelles Endergebnis des Beutemachens: das Blutvergießen war eine Verschwendung der Gewalt; die Haltung halbwilder Tiere, vor allem aber die dann einsetzende Zucht verwirklichen dagegen einen ersten Typ von Ökonomie. Die Domestizierung ist eine Form von lebensnotwendiger Energieerhaltung.
Mit der Dressur des Reittiers macht sie eine Veränderung durch: die Ökonomie der Gewalt ist nicht mehr die des Jägers im Züchter, sondern die des gejagten Tieres: im Reittier erhält man die kinetische Energie, die Geschwindigkeit des Pferdes und nicht mehr bloß Proteine; von einer direkten, dann indirekten Subsistenzwirtschaft kommt man zu einer Überlebenswirtschaft; das Fortbewegungstier dient praktisch nur zum Kampf, sein Passagier wird nur ein Parasit sein, so daß der Körper des Renntiers

nur eine erste Geschwindigkeitsfabrik ist, ein Motor, jener Dampfmotor, dessen Stärke noch heute in "Pferden" ausgedrückt wird...
Während also bei der Jagd der Jäger die Bewegung der wilden Tiere durch systematisches Erlegen zu stoppen suchte, beschränkt sich bei der Domestizierung der Züchter darauf, sie zu erhalten; und endlich schließt (dank der Dressur) der Reiter sich dieser Bewegung an, um sie zu lenken und zu beschleunigen. Zwischen dem Wunsch nach Tod und dem Wunsch nach körperlicher Vereinigung scheint eine Metempsychose des Lebendigen geschehen zu sein: das ursprünglich feindliche Paar bildet - wie in der Ehe - nur noch einen Körper. Erotischer Wunsch eines Gespanns, das zum Aufbruch reizt. Von diesem Augenblick an aber wird die Fahrt die höhere Form der Jagd, die Entfesselung des Jenseits, eines Jenseits der physischen, territorialen und animalischen Körper, Bild des Wahnsinns und der Besessenheit, die im mittelalterlichen Glauben zur "Höllenjagd" wird, in der das Pferd apokalyptische Dimensionen annimmt und die vier Reiter das Ende der Zeiten und die Auslöschung der gesamten Geschichte symbolisieren.
Nachdem sie durch die Geschwindigkeit der Fahrt die Abschaffung der Entfernungen bezeichnet hat, weist die Entfesselung des Jenseits jetzt auf die Vernichtung der Zeit. Die Geschwindigkeit des Streitrosses symbolisiert das Entsetzen vor dem ENDE, wobei man bemerken muß, daß Furcht und Geschwindigkeit tatsächlich zusammenhängen: in der Tierwelt erwächst die Schnelligkeit aus dem Schrecken, der Konsequenz der Gefahr. In der Tat geht die Verringerung der Entfernungen durch beschleunigte Bewegung auf den Selbsterhaltungstrieb zurück. Da die Geschwindigkeit nur das Produkt

der Furcht ist, ist das jähe Aufspringen und Losstürmen eine Sache der Flucht und nicht des Angriffs. So ist die ständige Erhöhung der Geschwindigkeiten nur die Wachstumskurve der Angst. In diesem Sinne industrialisiert die "Revolution des Transportwesens", die im 19. Jahrhundert die Geschwindigkeitsfabrik ins Leben ruft, das Entsetzen: der Motor erzeugt die Angst. Die Geschwindigkeit des Fahrens ist nur die verfeinerte Form der Flucht - und nicht des Angriffs, wie es die faschistische Philosophie der dreißiger Jahre wollte ("Die wahre Größe liegt im Angriff", mit anderen Worten in der Entfesselung des Jenseits der Körper, insbesondere des territorialen Körpers...). Pech für die "Futuristen", daß dieses Manöver im Felde immer nur eine Flucht nach vorn ist, eine Verhütung des Endes und nicht ein kühner Sprung nach vorn!
Ist die Entfernung der Ort, so ist sie auch der Körper. Lossprengen, sich auf den Feind werfen heißt zur gleichen Zeit auch: auseinanderfließen, sich auflösen... Wir stoßen wieder auf die Fahrzeugfunktion des Streitrosses (skedasos): den Feind auseinandertreiben, entfernen, aber auch sich selbst entfernen, über den gewohnten Horizont hinaus.
"Die Angst ist grausam", sagt ein nordisches Sprichwort, "sie tötet dich nie, aber sie hindert dich zu leben." Die zur Fahrt sublimierte Jagd untersagt den Aufenthalt...
Zurück zur Erfindung des Vektors. Sehr früh schon müssen die behenden Bewegungen des Tieres den Jäger erregt, müssen die blitzartigen Reflexe des Wildes ihn fasziniert haben. Umgekehrt mußte der Jäger, verfolgt von einem Raubtier oder Feind, seinerseits in der Beschleunigung seiner Fluchtbemühungen eine wirkliche Verwandlung sehen. Er

erahnte, welche Kraft im Schrecken und welch furchtbare "Bewaffnung" seinen von der Angst verzehnfachten Kräften innewohnen konnte. Die Fähigkeit zur schnellen Bewegung erschien ihm als Fähigkeit zum Überleben. Vor der Erfindung spezieller Tötungswerkzeuge war die Bewegung für den kämpfenden Körper, was später einmal die Reichweite für die Schlagkraft der Raketengeschosse sein wird: eine Frage der kritischen Distanz, ein Problem des Abstandes und nicht nur eines der Durchdringung.
Übrigens ist bezeichnend, daß die Verlängerung der Faustfeuerwaffen aus der Entwicklung der Kavallerie resultierte. Wenn die Werkzeuge den menschlichen Körper verlängern und durch das Geschoß (projectile) sogar ganz erheblich verlängern, so wird seine größte Ausdehnung durch die Erfindung des Reittiers und des Fahrzeugs herbeigeführt. Das Reittier wird zum ersten "Projektor" des Kriegers, seinem ersten Waffensystem.
"Zu Beginn des zweiten Jahrtausends vor unserer Zeitrechnung wird aus dem damals im ägäischen Raum gebräuchlichen Kupferdolch der Daggert, der Langdolch, eine längere Waffe, die sich über ganz Zentraleuropa ausbreitet. Für den Fußsoldaten war der Daggert von hohem Wert, die Reiter dagegen brauchten eine gewaltigere Waffe, daher wurde bei den Reitern des späten Bronzealters aus dem Daggert das Schwert", und viel später präzisiert der General Fuller: "Die wachsende Zahl von Reitern, die mit Lanzen und Schwertern bewaffnet waren, führte dazu, daß der Hammer und das Kriegsbeil des Steppenbewohners verschwanden." Tatsächlich handelte es sich bei diesen letzteren Kategorien eher um Werkzeuge als um Waffen. Erst die Verlängerung macht aus dem

Jagdmesser eine spezialisierte Waffe und aus dem Spieß eine "Lanze"... Über eine Reihe polyvalenter Prothesen gelangt man zur "Bewaffnung", die nach Sun Tze nur ein "unheilkündendes Werkzeug" ist, eine buchstäblich obszöne Prothese!... und das, um mittels des Abstandes die Geschwindigkeit und Höhe des Reittieres auszugleichen... Wir haben gesehen, wie vor der Zähmung und Dressur des Reitpferdes die Frau dazu beigetragen hatte, den Kampf über das Duell hinaus zu verlängern; mit dem Pferd wird sich diese Verlängerung nicht bloß auf den Krieg und seine Dauer ausdehnen, sondern auf seine sämtlichen Mittel: Bewaffnung, Nachschub, Infrastrukturen usw.
Zeitliche und räumliche Verlängerung dienen ganz dem Schutz und der Verteidigung, der "zähe Krieg" der Bauern, der sich bis in die heutige Zeit erhalten hat, zeichnet sich in diesem Übergang von der Frau zum Pferd, dann zum Wagen und zur Straße ab. Der militärische Raum entwickelt sich, der Reiter nutzt parasitenhaft das Reittier, er weicht der Fahr-Maschine, das Gespann ersetzt die direkte Mensch-Tier-Koppelung und macht den Straßenbau notwendig, das heißt die Leere, die Verwüstung und Begradigung des Weges. Die Straße, erstes "militärisches Glacis", ist nur eine lineare Rodung, die der "göttlichen Schnelligkeit" des Streitwagens dargebracht wird, die von den Fahrzeugen verbrannte Erde, geschundene Oberfläche. Die rein instrumentale Straße Mesopotamiens will mit dem Land, das sie durchquert, nichts mehr zu tun haben, sie sucht die geometrische Abstraktion, die Einförmigkeit, Einlinigkeit. Die Geschwindigkeit ruft die Leere hervor, die Leere treibt zur Eile...
Nach dem Lasttier kommt das Zugtier, das Ge-

spann, das sich dehnt und reckt, über die Kurven des Weges hinaus, dann die Gerade, die die Fahrt schon vorwegnimmt, indem sie die Gewalt der Bewegung hervorruft, dann die Infrastruktur, dieses "statische Fahrzeug", in der die von Angst getriebene Schnelligkeit fortlebt. Der Stahl, der sich im Schwert, in der Lanze nach vorn reckt, die blanke Waffe wie die Schiene, wie die Straße, die in einer Bewegung aus Zusammenstoß und Abstoß gegen den Horizont fliehen - sie signalisieren dieselbe Gewalt, dasselbe Entsetzen.
In Mesopotamien gibt es einen Besitz der Erde, der an die Techniken des "Fahrkrieges" geknüpft ist; der Herrscher verteilt das Gebiet an eine Bewegungselite - das Land besitzt, wer schnell ist. Andererseits übernehmen die Wagenhalter wichtige Verwaltungsaufgaben und üben eine umfassende Kontrolle zugunsten der Zentralmacht aus. In Rom dann findet man in der Pferdezüchter-Aristokratie der ersten Besiedler mit der römischen Reiterordnung und der staatlichen Verleihung des "öffentlichen Pferdes" wieder die Pferde-Münze*, und wir stellen fest, daß diese Elite der Geschwindigkeit tatsächlich eine militärisch-ökonomische ist. Unter den Rittern der equites romani finden sich Präfekten, Tribunen, aber auch "Armeekaufleute" wie Nicolet bemerkt:"Diese zweite Aristokratie, die so einflußreich ist und in den publica und bei den Gerichten eine so bedeutende politische und Finanz-Rolle spielt, hat nie die Merkmale ihrer militärischen Herkunft verloren."(7) Der "Reiter-Bankier" verwaltet seine beweglichen und transportablen Güter. Sein Reichtum erwächst aus den Übertragungen und ihrer Schnelligkeit, der Kriegsgewinn resultiert aus dem tragbaren Charakter der Werte; ohne Beuteverschiebungen

*s.Anm. S. 21

Schleudersitz, von Sacha Ketoff.
(Archiv Paul Virilio)

wird der Krieg ökonomisch gesehen sinnlos, wo es nichts wegzuschleppen gibt, gibt es auch nichts zu gewinnen.
Alles in allem stellt die Bewegungselite, von den "Jäger-Züchtern" bis zu den "See-Piraten", samt allen Reitern und Wagenlenkern eine verkannte und unterschätzte Ordnung dar, ohne die keine Akkumulation möglich gewesen wäre. Die Akkumulation der Energie und Geschwindigkeit in den Transportvektoren (Reittieren oder Schiffen) ist unabdingbar für die Kapitalisierung der Güter und Reichtümer. Die Verborgenheit dieser dromokratischen "Fahrgesellschaft" zeigt die strategische Dimension der Vektorpolitiken im Lauf der Zeitalter an.

Im Wunsch nach einem metallischen Körper wiederholt der in seinem automobilen Gehäuse eingeschlossene Passagier die erste Koppelung. So als hätte mit der Revolution der Transporte das materialistische Abendland seine Metempsychose geradezu in die Körper verlegt, beschleunigt die Industrie der Bewegung die Transporte unbekümmert um das langsame Auf und Ab der Geburten- und Sterberaten; in unserer Art, von hier nach da, von einem zum anderen "abzufahren", eingeschlossen in den Abstand der Geschwindigkeiten, eingemauert in die Energie des Reisens, gleichen wir weniger Kerlen oder Weibern als Bahnhöfen.
Das Territorium, Ort des Auswurfes, nicht mehr der Auswahl, wird zum Saum einer unausgesetzten Küstenschiffahrt: Einschiffen, Ausschiffen, Umschlagspunkt von Lasten - unablässig setzen die technischen Rhythmen uns auseinander und wieder zusammen. Der Geschwindigkeitsexzeß ist eine Fahrschule, die Reflexe und Reaktionen in uns einübt, so wie der Faschist Marinetti das gestern

beschrieb:
"Unser Herz kennt keine Rast! Denn es nährt sich von Feuer, von Haß und von Geschwindigkeit.",

Anmerkungen:

(1) Aragon
(2) Fernand Benoit, L'heroïsation équestre, éd. Ophrys 1954
(3) siehe z.B. das Taubenhaus, seine politischen oder ökonomischen Funktionen im Mittelalter
(4) "Und ich sah, und siehe, ein fahles Pferd. Und der daraufsaß, des Name hieß Tod, und die Hölle folgte ihm nach." Die Offenbarung des Johannes, Kap. 6,8
(5) Um das festzustellen, braucht man sich nur die Masse der Verkehrsregeln und -kontrollen anzusehen.
(6) Dumezil, Le probleme des centaures, éd. Guenthner 1929
(7) Nicolet, A propos de l'Ordre Equestre, in: Problemes de la guerre à Rome, éd. Mouton 1969

Erstveröffentlichung der vorliegenden Texte:

"Le corps éxpeditionnaire", nach dem Manuskript
"Véhiculaire", in: Nomades et Vagabonds, Cause commune. 1975/2, 10/18
"Le Mu", ebenda
"Métempsychose du passager", in: Traverses, 8/1977

MERVE-TITEL

34 Masi, Kritik und Selbstkritik der Neuen Linken
35 Bologna/Cacciari, Zusammensetzung der Arbeiterklasse und Organisationsfrage
36 Dalla Costa/Selma James, Die Macht der Frauen und der Umsturz der Gesellscha
37 Reinicke, Für Krahl
38 Poulantzas, Zum marxistischen Klassenbegriff
39 Liebmann/Di Leo, Zur Lenin-Diskussion
40 CGIL/CISL, Zur Geschichte und Theorie der ital. Gewerkschaftsbewegung
41 (mit einem Nachwort von "Probleme und Klassenkampf") zwei Bände
42 Poulantzas, Die Internationalisierung der kapitalistischen Produktionsverhältnis und der Nationalstaat (vergr.)
43 Della Volpe, Für eine materialistische Methodologie
44 Leineweber/Schibel, Die Revolution ist vorbei - wir haben gesiegt
45 Hegedüs/Markus, Die Neue Linke in Ungarn. Band 1
46 Gintis, Dialektik der Bewußtwerdung im Spätkapitalismus
47 Donolo, Ungleichmäßige Entwicklung
48 Pietranera, Hilferding und die ökonomische Theorie der Sozialdemokratie
49 Buhle, Marxismus in den USA
50 Jervis, Psychotherapie als Klassenkampf
51 Turiner Kollektiv, Stadtteilarbeit
53 Hegedüs/Vajda/Heller, Die Neue Linke in Ungarn Bd. 2
54 Rancière, Wider den akademischen Marxismus
55 Lonzi, Die Lust Frau zu sein
56 Lévy-Leblond, Elend der Physik, Produktionsweise der Naturwissenschaften
57 Weick (Hrsg.), Arbeit und Lernen: Beiträge zum Modell des italienischen Bildungsurlaubs
58 Althusser, Freud und Lacan
Tort, Die Psychoanalyse im historischen Materialismus
59 Deleuze/Guattari/Jervis u.a., Anti-Psychiatrie und Wunschökonomie
60 Poulantzas/Miliband/Laclau, Kontroverse über den kapitalistischen Staat
61 Foucault, Mikrophysik der Macht. Über Strafjustiz, Psychiatrie und Medizin
62 Irigaray, Waren Körper Sprache. Der ver-rückte Diskurs der Frauen
63 GRIF, Essen vom Baum der Erkenntnis. Weibliche Praxis gegen Kultur
64 Negri, Staat in der Krise
65 Lowien, W ibliche Produktivkraft - Gibt es eine andere Ökonomie Erfahrungen in einem linken Projekt
66 Irigaray, Unbewußtes, Frauen, Psychoanalyse
67 Deleuze/Guattari, Rhizom
68 Deleuze/Foucault, Der Faden ist gerissen
69 Lyotard, Das Patchwork der Minderheiten
70 Guattari, Mikro-Politik des Wunsches
71 Cixous, Die unendliche Zirkulation des Begehrens. Weiblichkeit in der Schrift
72 Kollektiv A/traverso, Alice ist der Teufel. Praxis einer subversiven Kommunika
73 Böckelmann/Kamper/Künzel u.a., Das Schillern der Revolte
74 Jervis/Rella, Der Mythos der Anti-Psychiatrie
75 Lyotard, Intensitäten
76 Leggewie (Hrsg.), Ökologiebewegung in Frankreich
77 Foucault, Dispositive der Macht. Über Sexualität, Wissen und Wahrheit
78 Wolton (hrsg.), Underground im Ostblock. Rock-Scene, Tramps u. Gangs, ...
79 Baudrillard, Kool Killer oder Der Aufstand der Zeichen